個人と国家

樋口陽一
Higuchi Yoichi

a pilot of wisdom

目次

V　世界の人権思想とアジア

Ⅶ　改憲論の問題点

はじめに

いま、まさに過ぎ去ろうとしている世紀を、イギリスの歴史家ホブスボームは「短い世紀」と呼んでいます。第一次世界大戦が始まる一九一四年からソ連解体の一九九一年までを、彼は二〇世紀と定義するからです。もっとも、彼自身が言うように時期区分は便宜的なことであって、歴史家がそれについて争うほどのことではない、ともいえます。区切り方それ自体ではなく、そうすることで何をどう解明しようとするのかが、問われるべきでしょう。

人間社会の秩序の構造 Constitution ——「憲法」と訳される言葉はこれに由来します——を問題にするという観点からすると、「短い世紀」としての二〇世紀の定義は有効です。

人びとが国家という単位を基本に公共社会をとり結び、それぞれの国民がその国家を、「国家主権」とその中での「国民主権」、それを具体化する議会制民主主義によって動かしながらも、その国家は国民一人ひとりの自由な生活空間を侵してはならないとする「人権」。——こういう建前が、実際に制度の形をとってゆくのが、一九世紀を通じての西ヨーロッパと北アメリカでした（しかし、これは本国についてのことであり、植民地支配は別です）。

この「構造」が大きなチャレンジを受けるのが、まさしく、一九一四年を境目とする時期でした。そして、一九世紀以来の成果が、国によっては、いったん否定され尽くしてしまうような体験をしながらも、それを立て直し、批判にも耐えながら、その内容を整えてきた（典型的にいえば、生存権や労働基本権）のが、「二〇世紀」だったといえるでしょう。

そういう意味での「二〇世紀」がいま、大きな変わり目に直面しています。一九八九年から九一年の旧ソ連・東欧圏での大変動によって、一九世紀から二〇世紀の間につみ重ねられてきた「立憲主義」の理念が、かつては正面から対決していた「西」と「東」によって共有されるようになりました。しかし、逆に「北」（経済先進国）と「南」（第三、第四世界）の間の格差はますます拡がっています。

「北」ないし「西」の圏内ではグローバリゼーションの名のもとに、効率を要求する「経済」という大波が「社会」を飲み込もうとしています。そのうえに、「東」「西」「南」「北」を問わず、程度のちがいはあるとしても、「おカネ」（経済）の力とならんで、「宗教」と「民族」が、あるいは国家にとって代わって、あるいは国家を乗っ取ったかたちで自己主張を強めています。

こういう世界の流れを、私たちがいま生きている日本社会は、それ独自の文脈で受け止めながら、ゆらいでいます。

現に起こっていることと、人びとが「こうだ」と言っていることとは同じではありません。「こうしたい」「こうなってはならない」という価値判断は、それぞれ、人によってちがうでしょう。しかし、その前に私たちは、この入りくんだ世界の「現実」を少しでも冷静に読み解きつづけてゆく必要があるのです。この本では、「個人と国家」をテーマに、それを試みることにしました。

ものを考えたり書いたりする人びとの間で、長い間、「〝個人〟の欠落」ということが意識されてきたはずですが、今日でも相変わらず「個人より〝みんな〟」という社会的圧力が働いている一方では、「国や会社をあてにしないで自分の責任でやれ」という意味で「個人の自立」が必要だという主張が、にわかに強くなってきています。

この奇妙な組み合わせを解きほぐす視角を、ホブスボームの言う「二〇世紀」の始まりの頃すでに、日本で一番読まれてきた作家・夏目漱石が「私の個人主義」（一九一四年講演）の中で提供しています。

〝個人〟の主張がまだ正当性を認められていなかった、その時点で漱石はすでに、「自分の鶴《つる》嘴《はし》」で「鉱脈」を「掘り当て」るという意味での「自己本位といふ四字」の大切さを強調しています。また同時に「社会的な地位の好い人」たちや、「権力と金力」に近い人たちに向かっては、たとえば「相場で儲けた金」を、その人たちが「個性を拡張するために」「至極重宝なもの」として使うことを、戒めているのです。

「国家」についても、言説は入りくんでいます。「国をあてにしないで自分でやれ」ということは「規制撤廃」と「自助努力」から国立大学の民営化への方向まで、国家の撤退という現実に反映してゆこうとしています。その一方で、何事によらず「国家のため」を叫び、「民族の誇り」を強調する声は、むしろますます強まっています。

ここでも、ホブスボームの言う「二〇世紀」に入る頃の先人の鋭い指摘が思い起こされるべきです。石橋湛山《たんざん》は、その「国家と宗教及文芸」（一九一二年）の中で、「人が国家を形造り国民として団結するのは、人類として、個人として、人間として生きる為《た》めである。決して国民として生きる為めでも何でもない」と語っています。

「個人」を出発点とし、人びとの契約でつくり出した人為の作品として想定された「国家」。社会契約論が描くこの「国家」像からすれば、国家と民族とを次元のちがうものとして区別するところから始めるべきであり、そのようにして、国家をめぐるすれちがいの言説の多くを本来の議論の土俵に乗せることが、いま、最も必要なはずです。それ自体としては大切な存在である「民族」という価値が、国家を人質にしようとし、暴走するところに、世界中を吹き荒れている悲劇の根っこがあるのです。

人権の主体としての「個人」と主権の担い手としての「国家」。この二つをその本来の場所に位置づけ直して、議論の出発点としたい。――これが、この本で私がしようとしたことです。

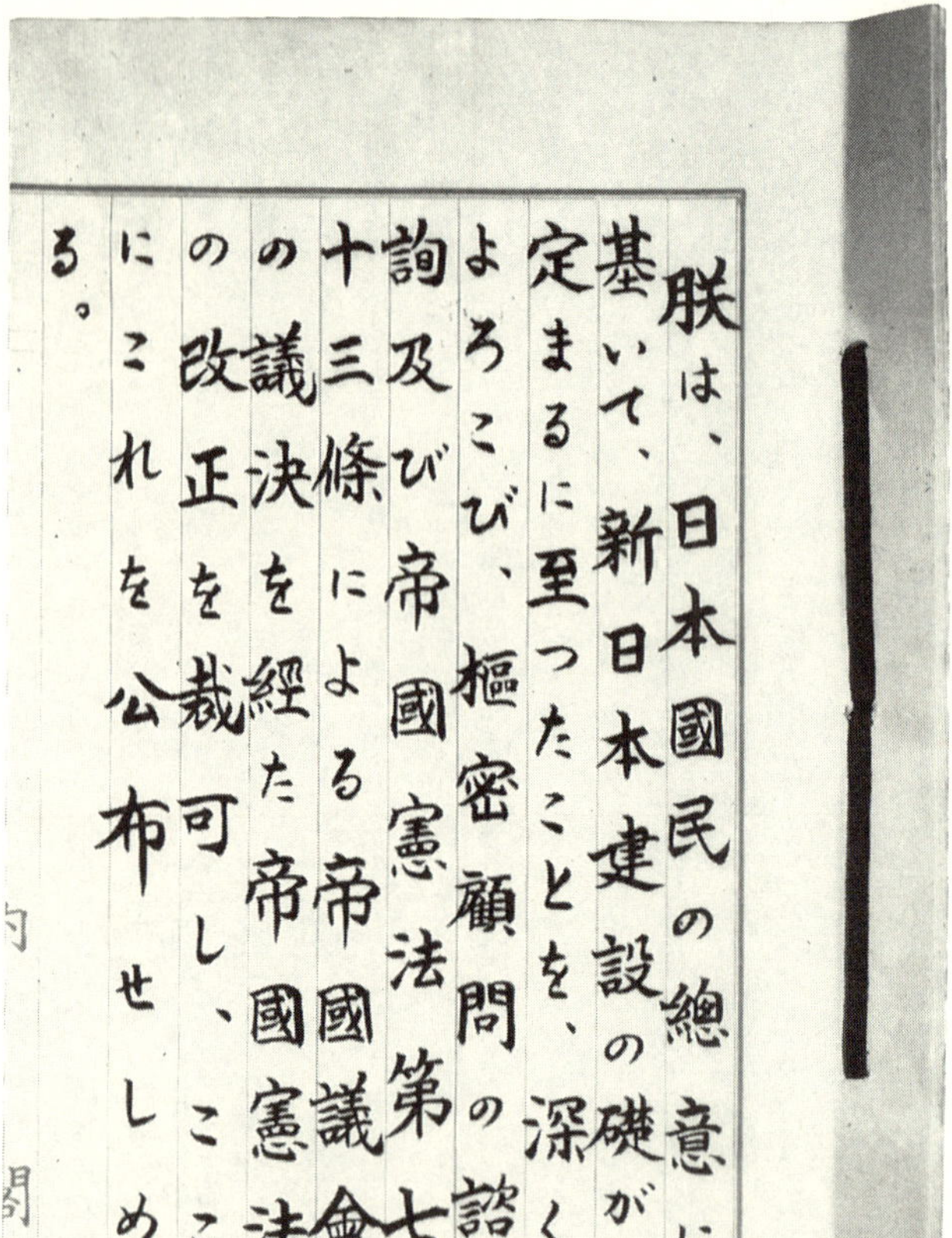
朕は、日本國民の總意に基いて、新日本建設の礎が、定まるに至つたことを、深くよろこび、樞密顧問の諮詢及び帝國憲法第七十三條による帝國議會の議決を經た帝國憲法の改正を裁可し、ここにこれを公布せしめる。

「日本国憲法」御署名原本（写真上及び左頁）
昭和二十一年十一月三日に公布され、翌二十二年五月三日から施行された、現行憲法の公布原本である。（国立公文書館蔵）

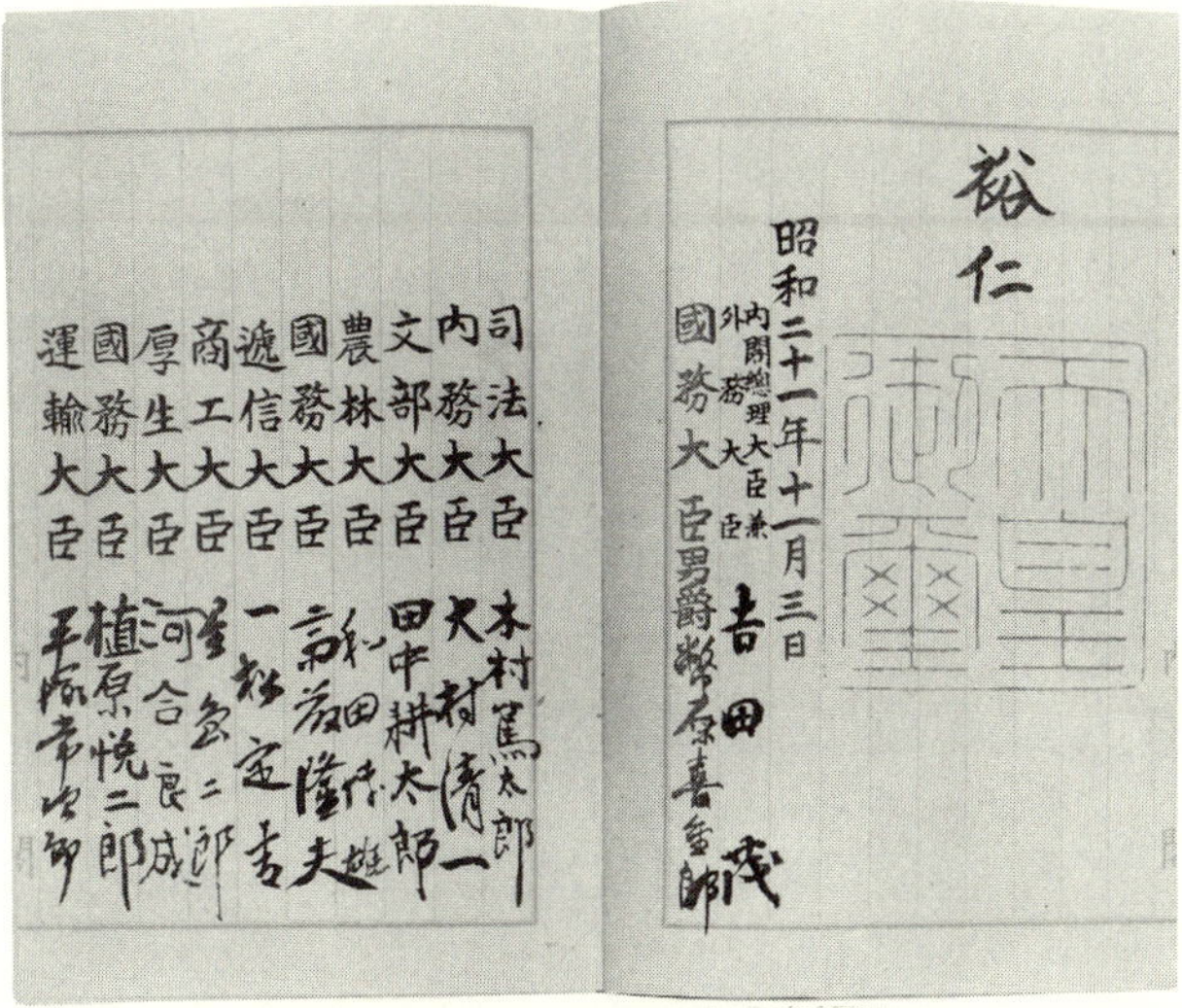
裕仁
天皇御璽
昭和二十一年十一月三日
内閣總理大臣兼外務大臣 吉田茂
國務大臣男爵 幣原喜重郎
司法大臣 木村篤太郎
内務大臣 大村清一
文部大臣 田中耕太郎
農林大臣 和田博雄
國務大臣 齋藤隆夫
遞信大臣 一松定吉
商工大臣 星島二郎
厚生大臣 河合良成
國務大臣 植原悦二郎
運輸大臣 平塚常次郎

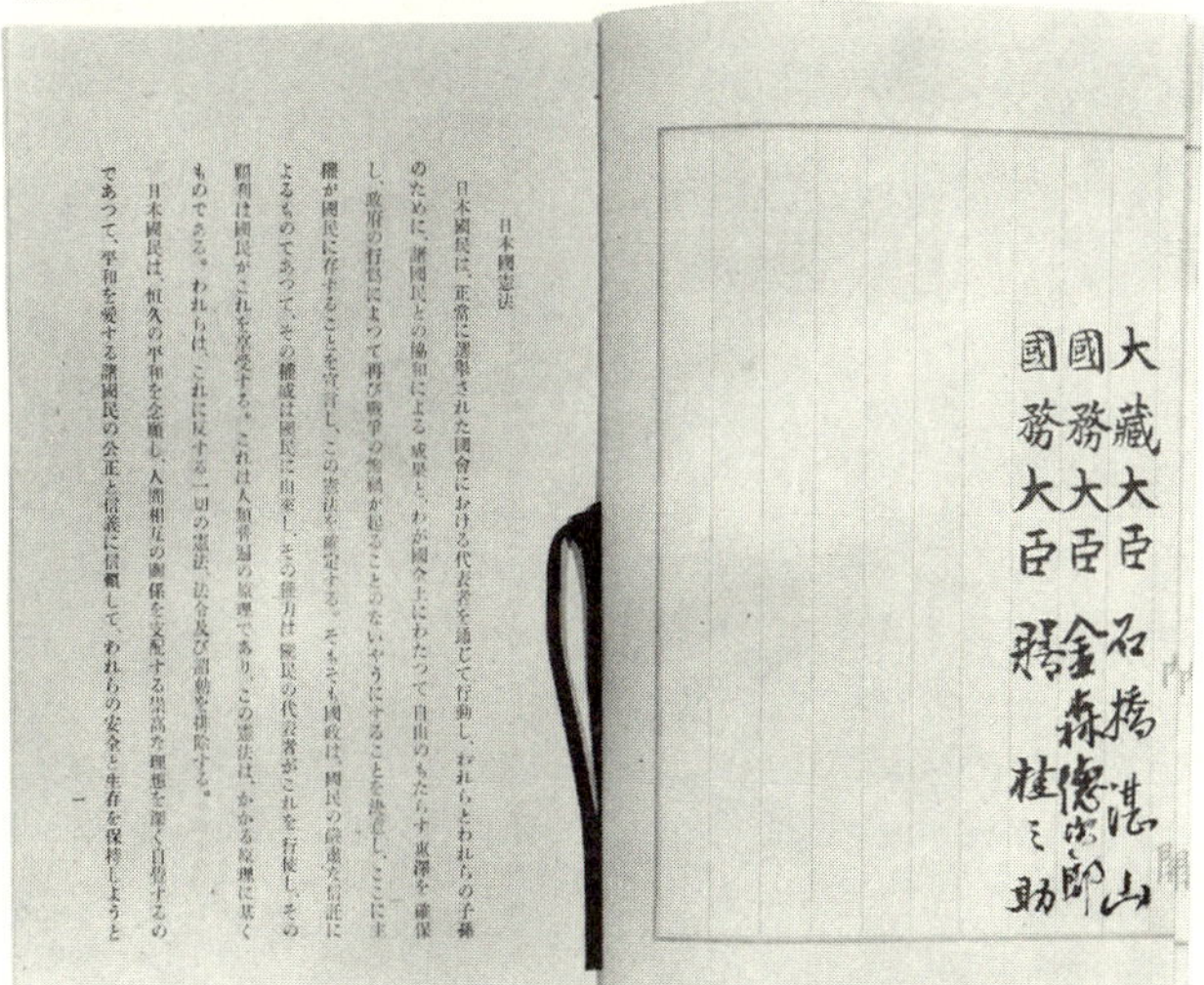
日本國憲法
日本國民は、正當に選擧された國會における代表者を通じて行動し、われらとわれらの子孫のために、諸國民との協和による成果と、わが國全土にわたつて自由のもたらす恵澤を確保し、政府の行爲によつて再び戰爭の惨禍が起ることのないやうにすることを決意し、ここに主權が國民に存することを宣言し、この憲法を確定する。そもそも國政は、國民の嚴肅な信託によるものであつて、その權威は國民に由來し、その權力は國民の代表者がこれを行使し、その福利は國民がこれを享受する。これは人類普遍の原理であり、この憲法は、かかる原理に基くものである。われらは、これに反する一切の憲法、法令及び詔勅を排除する。
日本國民は、恒久の平和を念願し、人間相互の關係を支配する崇高な理想を深く自覺するのであつて、平和を愛する諸國民の公正と信義に信頼して、われらの安全と生存を保持しようと
一
大藏大臣 石橋湛山
國務大臣 金森德次郎
國務大臣 膳桂之助

Ⅰ　今、私たちにとって「戦後」とは何か？

私たちの戦後半世紀をどう考えるか?

ちょうど今、戦後の半世紀が過ぎていよいよ二一世紀に入っていく境目です。この戦後五五年で、いったい世の中はよくなったのか悪くなったのか。もちろんいろいろな側面がありますけれども、この際、それぞれ自分たち一人一人が置かれた具体的な、生きてきたありように即して、まず考えることが大事ではないでしょうか。

政治家やマスメディアに登場してくる人たちが、「今の世の中、だめになった」と盛んに言っています。もっとも、だめになった世の中をつくってきた当人たちが「おれたちに世の中をよくするのを任せろ」と言わんばかりなのは矛盾ですけれども、そういう人たちが言っていることをいったん離れて、自分たち自身が生きてきたことに即して、よくなったのか悪くなったのか、あるいはもっと正確に言えば、どういう点でよくなったのか、どういう点が残されているのか、地についた議論が必要でしょう。

憲法とか法律、世の中の制度や仕組みなどを考える場合には、地についた議論から出発してそこに戻ってくる。当たり前のことですが、何かそれが上滑りしたあいまいな議論になっているのではないか。

私自身、率直に言って、なんといってもよくなったと受けとめています。自分の考えることを人前で言うと、あるいは少しは損をするかもしれない。考えていることを素直に言ってしまうと、商売をしている人に仕事がまわってこないとか、そういう不都合がどうしてもあるけれども、だからといって憲兵がきて牢屋に入れられるということはない。これは固く言えば「言論の自由」ということですね。何よりも、ある日突然赤紙が来て徴兵に応じなければならないという恐怖からは解放されてきた。徴兵という制度が持っている意味については、後で取り上げますが。

挙げれば切りがありませんが、特に女性の場合、プラスの変化は決定的でしょう。早い話が家庭の中での立場の変化です。今でも女性にいろいろなしわ寄せが重なってきているという点はあるのですが、これは必ずしも日本だけの問題ではないけれども、なんといっても、戦前の日本独特の家族制度「家」の重圧の中で苦しんできた状態から女性は解放されました。

司馬遼太郎さんが、ある書物を差し上げたときのご返事の中の感想で「戦後憲法がいかなるいきさつにせよ、私たちにとって二なきもの」「二三歳の復員軍人だった小生の戦後も、〝自分の一生でこんないい世の中に住めるとは思わなかった〟というものでした」（一九八九年五月五日付）と書いておられました。よく考えてみればほとんどの人が、そういう実感を持っているのではないでしょうか。

戦前にも信念を貫く人々はいた

それに対して、戦後になってもなかなかよくならないどころか、戦前と比べても少しおかしいのではないか、という点もちゃんと見ておく必要があります。私自身、物を調べたり書いたりする立場の人間として、たとえば議会の議事録を読んで感ずることがあります。戦前は「統治権ヲ総攬《そうらん》」する天皇の立法権の行使を「協賛」する帝国議会であって、国民主権の議会ではない。建前上、あくまでも主権者である天皇が法律をつくるのに協力するという考え方でした。建前上はそうでありながら、帝国議会では、貴族院を含めて大変迫力のある議論が戦わされています。

よく知られているのは、たとえば戦争真っ最中の斎藤隆夫のいわゆる「反軍演説」です（一九四〇年二月衆議院）。結局、帝国議会の衆議院の同僚たちから議員としての地位を奪われるという、戦前の決定的な壁というものを逆に見せつけられることになるにしてもです。浜田国松代議士の「割腹問答」というのもありました。当時加速しつつあった軍部の政治介入を批判した彼の発言を、「軍部への侮辱」ととがめた寺内寿一陸軍大臣を向こうに回して、「封建思想や官僚独善主義から言えば、あなたは役人で私は町人かも知れぬけれども、さうぢゃありませぬ。私は公職者、殊に九千万人の国民を背後にして居る公職者である」「速記録を調べて僕が軍隊を侮辱した言葉があったら割腹して君に謝する。なかったら君割腹して謝せよ」と迫ったのです（一九三七年一月衆議院）。

関東大震災の直後には、衆議院で無所属の一議員田淵豊吉が、首相に非常に重たい質問を提起しています（一九二三年一二月）。「噂に依りますると、殆ど千とか千以上に上る所の朝鮮人が殺されたと云ふことに向って、一言半句も吾々の眼は新聞紙などを通じて視ることが出来ない……ことは、非常に怪訝《けげん》の念を挟まざるを得ない……。……何が為に諸君の肺肝を貫く言葉を以て弾劾しないのであるか……。吾々は悪いことをした場合には、謝罪すると云ふことは、人間の礼儀でなければならぬと思ふ……」。「外の所で斯う云ふことを演説するならば、発言禁止を喰ふに違ひない、此神聖なる議場に於て、吾々は……神聖なる衆議院議員として、此事を諸君に訴ふるの唯一の場所であると云ふことを諸君は大に知って貰ひたい……。……外国に向って……謝意を表明する前に、先づ朝鮮人に謝するのが事の順序ではなからうか」、こう質問しているのです。

このとき山本権兵衛首相はあいまいな、まさに典型的な議会答弁をしてうやむやにするのですが、翌日、有力代議士が助太刀に立って田淵質疑を「施政の大本に触れる」もの、「将《まさ》に国民の問はんと欲する所を問ひたる」ものとして、首相にもっときちんと答えろと問題提起の後押しをしているのです。雄弁代議士として有名だった永井柳太郎議員です。一人一人の議員が政党員であるよりも、当時は国民でなく「臣民」ですが、選挙民から政治を託された議員であるという自覚を持っていた人が、少なからずいました。

それからもう一つ、今度は貴族院の例を挙げますが、あの悪名高い「治安維持法」が議論されていたときに、徳川義親侯爵が治安維持法に対して疑義を提起しました。「特権階級中の特権階級である我々が、本案に遽《にわか》に賛成いたさない意思を表明いたしまするのは、余程勇気を要する……。併《しか》し敢て茲《ここ》に私がそれを致しまするのは、……（この法律によって）治安維持の目的が、却《かえっ》て反対の結果に陥りはしないだらうかと云ふことを私は惧《おそ》れる」と論じています（一九二五年三月）。

衆議院の場合で言えば、所属政党で決めたことだからあとは黙っているほかないし、貴族院の場合には貴族の生まれだから、およそ貴族の制度に反対する共産主義思想――「治安維持法」はだんだん共産主義ではなくて自由主義、そしていろいろな宗教家にまで波及していくのですけれども、最初は共産主義取り締まりという旗印でした――には当然厳罰をとなるはずです。ところがそういう立場や所属を超えて、自分自身の信ずるところをぶつけ合う議会の議論というものがありました。そういうものが残念ながら二〇世紀末の今の国会では地を払っている。それはやっぱりおかしい。それも、おかしさがだんだんひどくなってきているのではないか。おかしくなってきている点は日本国憲法のせいなのだろうか。それとも反対に、憲法をまっとうに扱ってこなかったせいなのだろうか。

戦前と比べてどうだろうか、自分の生活に即して、あるいは自分が見聞きしたり調べた事柄に即して一人ひとりが考える必要があります。もちろん人によって少しずつ見方がずれて、戦前と戦後のプラスとマイナスの採点の割合も違ってきますけれども。

「論憲」という言葉を使う人たちがいます。今まで憲法を「論」じてこなかった人たちが、そうしようというのですから大いに結構ですし必要なことです。しかし、それには自分自身の生活感覚の点検からまず始めるべきなのです。

自由とは何か

「自由」という言葉自体、人によっていろいろな意味で勝手に使われています。ですから「自由があり過ぎるから世の中がおかしくなってきた」という言い方をする声も少なからずありますし、逆に「本当の自由というのはあるのだろうか」という問い直しもあります。

「自由」という考え方には様々な要素があるのですけれども、いちばん根元のところで割り切ると対照的な見方が二つあります。

一つは、自由とは要するに「縛り」がないことだという見方です。つまり「拘束の欠如」です。この意味での自由ならば、戦前、さらには江戸時代の町人たちも時に応じて楽しんでいたはずです。

戦前、大正から昭和にかけての浅草や銀座の繁盛にもみられるところの「自由」です。「モボ」「モガ」（モダンボーイ、モダンガールの略）という言葉がありました。「東京行進曲」で描かれているような享楽の自由です。「エロ・グロ・ナンセンス」という言葉もありました。さらにさかのぼれば、江戸町人の吉原での自由というのもありました。

これは、縛られないで好きなことをやる自由です。しかし、この自由は何も生み出さない。縛るものが出てきたときに、それに対して「ノー」と言える自由にはならない。

時々お奉行所の町役人の手が入って、「吉原でこういうことをやっちゃいかん」、あるいは「こういう芝居を芝居小屋にかけちゃいけない」ということになると、たとえば井上ひさしさんの出世作『手鎖心中』（一九七二年直木賞）の話に出てくる素材のように、手鎖の刑や所ばらい（追放）で差し止めになってしまう。戯作者の絵草紙で風俗描写やお上をからかうのがちょっと度を過ぎると、ビシッとやられる。時にはそれが緩やかになって、また「自由」を楽しむけれど、またそれがなくなるということの繰り返しです。

それに対して西洋近代思想がいう自由というのは、多くの人々が自分の選択に従って自分の人生を生きることを可能にしてくれるような、そういう社会システムをつくるという「自由」なのです。これは江戸町人にはなかったし、「大日本帝国憲法」のもとの臣民にも——何人かの、自由のために職や命までをかけたような人たちの残してくれた足跡はありますけれども――つまるところはなかった。そういう自由をつくり出す可能性を感じさせたのが、戦後の解放だったはずです。

自由を我々は手にすることになったんだぞという精神が、戦後解放期の論壇にはあふれていた。たとえば丸山眞男さんが一九四七年の短い論説で『日本における自由意識の形成と特質』を書いて、まさに今の問題を鋭く提起しました。

丸山さんは今私が言った二つの自由を、それぞれ「人欲の解放としての自由」と、それから後者の方を難しい言葉ですけれども「規範創造的自由」というふうに呼んでいます。自由主義の本場というべきイギリスでも、この二つの「自由」の対抗があったのだというのです。そして一七世紀のジョン・ロックによって、理性的な自己決定の能力としての自由、「規範創造的自由」が明確にされ、封建制をうち破って新しい秩序をつくり上げる精神的エネルギーとなったというのです。後者の自由を本当に自分たちが自分たちのものにできるのだろうか、しなくてはいけないんだというわけです。

その答えがそれから五〇年以上たった現在、依然として求められ続けているのだと思うのです。

そういう文脈で女性の自由の話をしましょう。それこそ江戸町人流の自由やモガやモボの自由は、例外はあるにしても、多くの人たちが享受できているでしょう。かつてのモガ、モボに当たるのが、今、渋谷辺りのガングロ、厚底靴の女の子たちなのかな。

もう少しまじめな意味でも、やりたいことをやれる可能性は、確かに戦前に「家」のしがらみで縛られていたのに比べれば、明らかにいい意味で増えていると思います。

ただそれが本来の自由に結びつくのか。つまり、女性が世の中とのかかわりで自分の生きがいを満たしていける社会のシステムとしての自由に結びついているか。さっきも言いましたように、そういうシステムをつくるという観点から見ると、自由一般について、特に女性についてはまだ残されていることがあまりに多いのではないでしょうか。

積極的差別是正措置（アファーマティヴ・アクション）

そのような自由を実現するために、社会のシステムとして試行錯誤的にいろいろなものがあるのです。たとえばアメリカで始まったアファーマティヴ・アクション affirmative action です。これは直訳すると「肯定的措置」というわけのわからないことになりますが、要するに「積極的差別是正措置」という意味です。

アメリカ合衆国の憲法には男女平等条項はいまだにありません。一九七〇年代に、女性の権利を憲法に書き込もうという運動が起こりました。アメリカは連邦制ですから、憲法改正には、連邦制からくる厳重な手続が決められています。連邦の上下両院でそれぞれ三分の二の多数で発議するか、三分の二の州の議会の要請を受けて憲法会議が召集されるかで手続が始まり、四分の三の州の議会あるいは四分の三の州の憲法会議で承認されなければなりません。一九七二年に連邦議会が案を採択し、憲法改正のルールに乗せて途中まで進んだのですけれども、憲法が要求するだけの州の批准《ひじゅん》が得られずに、結局いまだに実現していません。実現しないから女性の権利運動が減ったかというと、その逆でした。憲法改正によって憲法に条文を盛り込む運動は不成功に終わったけれども、まさにその運動の力が背景になって、非常に広い範囲の女性の権利獲得運動につながっていきます。それは皆さんご承知のとおりですね。

ところで、アファーマティヴ・アクションは女性に限りません。アメリカの場合、なんといっても人種差別が社会的に非常に大きな問題です。性別と人種、この二つがいちばん大きい問題です。今まで歴史的に系統的に不利益な待遇を受けてきた、そういう「群」というか「類」がある場合に、形式上の平等だけでは改善が進まないという事態にどう対処するかが問題です。

形式上の平等自体はもちろん非常に大事なことで、重要な一段階です。奴隷解放から始まった「カラー・ブラインド」という言葉があります。「皮膚の色を無視して」「皮膚の色にかかわらず」という意味です。それから「ジェンダー・ブラインド」です。性という意味でのジェンダーを無視して男女平等な取り扱いをしなくてはいけない。しかしそれだけでは、今まで不利なハンディキャップや足かせを科されてきた人たちは、門戸を開放されても、その門の中に入っていく土台がない。

まず意識的に優遇する

その土台を意識的につくらなくてはいけない。入学、雇用、昇進、それからさらに公共事業への参入などいろいろな場面で意識的に優遇する、日本流にいうとゲタを履かせるということです。それにはいろいろなシステムがありますが、とにかくゲタを履かせる。そのことによって、不利益を受けてきた人々の参入を積極的に後押ししようというのがアファーマティヴ・アクションです。各組織が自主的に、入学、雇用、公共事業などについてなんらかのシステムをつくる場合と、法律によって義務づける場合があります。アメリカの場合には連邦制ですから、実際は州の法律や、法律に限らず州のその他のルールによります。自主的なものと法的なものと両方ありますけれども、そういう方法や措置がとられてきました。

しかし、これはいいことばかりではありません。なにしろ、そうなると今までの平等の正義とぶつかることになるからです。つまり、アメリカの場合だと、女性でアフリカ系ないしヒスパニック系に属する人々がある程度優遇されるわけですから、ヨーロッパ系の男性で白人という典型的な今までのアメリカ人には、そういうルールがなければ入れたはずの学校にも入れなくなる人が出てくる。就職などほかの場合も同じです。

そういう人々にとっては、古典的な意味での平等に違反するのではないかということになります。ある段階で、アメリカの最高裁も違憲判断を下しました。住民投票でアファーマティヴ・アクションをやめさせようとする動きも起こります。単なる法律問題だけではなくて、実質論もあります。この制度は逆にシステムによって有利な扱いを受ける人たちのプライドを傷つける。つまり、制度のご厄介にならなくともきちんと門に入っていける実力のある女性やアフリカ系、ヒスパニック系の人たちが、この制度によってゲタを履かされて初めて参入できたという形になるではないか、という反論です。ある種・類に属する人たちには能力がない、という烙印を押すことになるではないかという主張です。

このことはもっと深刻な問題にまでさかのぼります。アメリカという社会は「独立宣言」で人人がこういう国をつくっていこうという、それこそ一人ひとりの個人がアメリカ合衆国の理念に結集して建国したはずだ。合衆国憲法前文の書き出しにある We the people of the United States という成句は、それを言っているはずだ。ところがアファーマティヴ・アクションの論理をとことん突き詰めていくと、アメリカ社会は一人ひとりのアメリカ国民から成っているのではなくて男性と女性という層から成り立っている、あるいはヨーロッパ系といわゆるアフリカ系、ヒスパニック系、アジア系などという層から成り立っていることになりはしないかという根本問題に突き当たります。

そういう「群」の横並びから成る連合国家というコンセプトになっていく。それでいいのかという、非常に大事な論点が芋づる式に出てくるのです。そうであるだけにさんざんいろいろな議論が出されたのですが、少なくとも過渡的にこういう制度で風穴をあけたということは、アメリカ社会にとって意味があったと私は考えています。

男女平等についての考え方

アメリカ以上に個人から成り立っている国家なのだということを強調してきたフランスで、新しい動きがあります。この国は、憲法の条文で「フランスは一にして不可分……の共和国」と書いています。

いろいろな制度上の反映が見られますけれども、フランス共和国を構成するのはあくまで一人ひとりの個人であるという思想が根本にあります。どこで生まれて、どういう宗教を信じようと、フランス共和国の理念——シンボリックに言えば「自由・平等・友愛」という一七八九年人権宣言の理念ということになるでしょう——にコミットするという建前のもとに結集した人間は、等しく個人としてフランス国民なのだという考え方です。コルシカに他の県や州以上の自治を認める法律案に「コルシカ人民」という表現があるのをとらえて、憲法裁判所（憲法院、人によっては憲法評議会と訳しています）が違憲判断を下したこともあります。つまり、フランス共和国は「コルシカ人民」や「ブルターニュ人民」や「アルザス人民」の連合体ではなくて、存在するのは「フランス人民」だけだというわけです。

しかしフランスの場合、言語についてだけは別なのです。フランス語を唯一の公用語としてフランス語にコミットすることが個人としてフランス共和国にコミットすることのあかしだ、と考える。この前提の上で宗教や民族の出自は問わないということになるのです。

その際大事なのは、そのフランス語は人為的につくられたものだ、という性質を自覚しているということです。あるドイツの法学者が仏・独二つの国語を比較して、フランスでは大革命のときまでフランス語といえるものは存在していなかったと言っています。さまざまの言語、オック語とかブルトン語とかアルザス語とかを、それぞれ抑圧しながら意識的につくり上げてきたのがフランス語なのだというのです。アカデミー・フランセーズが延々と、正式なフランス語として何を認め何を認めないかを論じ続けてきていることはよく知られています。特定民族のではなく、人為の共通の作品としてのフランス語だからこそ、それへのコミットメントを求めることが民族的出自による差別を意味しないというわけです。

日本でも報道されましたね。一九九八年のワールド・カップで優勝したフランスチームの中に、顔つきを見ているとと昔風のフランス映画に出てくるフランス人のような人は一人もいない。アラブ系とか、南太平洋の植民地出身とか、アフリカ系の人とか。しかし、あれこそが「フランス人民」なのだという考え方ですね。

原理的に言うとフランスは、アファーマティヴ・アクションの考え方に対してはいちばん対極にあるシステムをとってきた国です。その国がここへきて、アメリカ以上に大胆なことを始めています。議員をはじめとする選挙による公職に、男性と女性が均等割合（パリテ parité）で就くよう促進するための法律をつくるという趣旨を、一九九九年の憲法改正で憲法自体に書き込みました。それを受けて、翌二〇〇〇年になって法律レベルの規定がつくられています。

実はその一五年ほど前に、政党が提出する地方選挙の名簿上の候補者のうち、「同一の性に属する者が全体の七五パーセントを超えてはならない」、つまり、実質を言えば四分の一は女性の候補者でなくてはいけないという趣旨の法律をつくったところ、それが憲法裁判所によって違憲とされたのです。

四分の一は女性でなくてはいけないというルールのために、割をくってはみ出す男性にとってみれば不平等になるわけでしょう。選挙の代表のロジックからしても、古典的な近代憲法の考える代表というのはみんなの代表であって、男が男を代表し女が女を代表するという論理はそれと真っ向から対立することにもなります。

それで今度は、法律で決めただけではまた憲法違反にされるからというので、憲法そのものを改正して先ほどのようなルールを作りました。それを具体化する法律もできましたけれども、どういうふうに運用されるのでしょうか。比例代表のように名簿による選挙の場合には、名簿に男・女・男・女あるいは女・男・女・男という順序で編成しなくてはいけないということになります。数だけ同じにしても上の方にリストされたら当選するし、下の方にリストされたら当選しないのですから、それではだめだということです。

問題は小選挙区制の場合です。大統領選挙と並んで重要な下院選挙は、二回投票式の小選挙区制度で、第一回投票では得票の絶対多数（同時に有権者数の四分の一以上）を取った候補者が当選しますが、多くの場合には一週間後の第二回投票に持ち込まれています。第二回投票では単純多数で決まりますが、その際は、近い立場の政党同士が共闘できるかどうかが鍵になります。政策協定をすることもあれば、暗黙のうちに第二回投票で候補を下ろすこともあります。この選挙では各政党は一人しか候補を立てないのですから、いったいどういうことになるのか。候補者の数が男女同数から離れる度合いに応じて政党助成金を減らすという制裁には、「男女平等を金で買うのか」という批判もありました。そのほか技術的にもいろいろな課題が残されていると思いますけれども、とにかく大胆にもそういうことをやってのけています。

それに比べますと日本は、法務省筋のもとで法制審議会でも長年議論をした末の、それをしたい人には認めるという妥協的な夫婦別姓の法律案一つですら、棚ざらしで国会を通らないままです。

海の向こうとこちらの男女平等についての落差は、それほど大きいのです。それにつけても、日本で、善意の改憲論として男女平等をもっと実質的にしてもらうために憲法にそれを書きたいという議論がありますが、それがいかに見当外れなものかを考えてほしいものです。女性の立場を援護するために出されている妥協的な法律案、それもお役所が準備した法律案すら棚ざらしにされて国会を通らないのですから。

こういう議会を変えていくことがまずもって課題なのです。憲法を変えていくよりも、まず議会や裁判所、憲法を運用する機関のあり方を変えていくのが大事であることが、この場合にも非常にわかりやすい形で出てきています。夫婦別姓法案は、決して「私はだんなと一緒の名前になりたいわ」「俺は彼女の名前になりたい」という人たちにまで、それを強制するわけではないのです。それぞれのカップルの選択に任せるということなのです。女性が社会的な活動をやっている場合に、結婚によって姓を変えるということの不都合さを現に強く感じている人がそれまでの姓を維持したいというとき、それすらも「家庭の崩壊を招くからだめ」と言う議員さんたちをとりかえる方が、憲法を改めるより先でしょう。

世界の女性たちはいま

日本独特の女性の地位の低さと、西欧社会を含めて一般的に男性本位の社会であったという問題と現象がいろいろ入り組んでいるので、仕分けしてそれなりに対応していく必要があるでしょう。

だいたい日本の男性の場合では、六〇歳ぐらいから上の人たちにとって「フェミニスト」という言葉は何を連想させるのか。理由もないのにやたらに女の人に親切で、何か魂胆がある、というのが「フェミニスト」といわれてきたんですね。もちろん、今言われている「フェミニスト」「フェミニズム」はそれと正反対で、女性の自立を意味します。

もともと「ザ・人権宣言」とでも言うべき、古典的なフランスの一七八九年宣言、直訳すれば「人及び市民の諸権利の宣言」は、権利の主体としての「人」と「市民」を区別していますが、その「人」という言葉は西洋語でイコール男性なのです。

これは西洋キリスト教社会での男性本位主義をいみじくも象徴しています。英語で「マンman」というのは、カタカナで書く「ヒト」、人類、つまり犬とか猿でないヒトを意味すると同時に、「ウーマンwoman」(女性)でないマンを意味します。フランス語だったら、「オムhomme」は、ヒトを意味すると同時に、「ファムfemme」(女性)でない男を意味します。ドイツ語でも「マン Mann」ないし「メンシュ Mensch」と「フラウ Frau」の対応は同じです。

フランス革命のときにオランプ・ドゥ・グージュという女性が、高く掲げた「オム」の権利の宣言に対して鋭く問題を提起しています。革命の初期は国民主権を前提とした上で王室を認めていましたから、その段階でのことですけれども、彼女は王妃マリー・アントワネットに宛てた公開状という形で、本物の「オム」の権利の宣言をなぞって「ファムの権利の宣言」を公にしました。

本物の人権宣言一七カ条の「オム」を「ファム」にそのまま入れかえた条文が多いのですけれども、中には、「ファムはオムと同様、演壇にも断頭台にも登る権利を有する」というのがあります。要するに、政治闘争に参加して演壇に登る、それは同時に革命家として、あるいは反革命家として断頭台に登る点でも同等でなくてはいけないという意味の文章です。そして彼女は実際に、革命の過程で断頭台の露と消えてしまいます。

話はもとに戻りますが、昔の日本男性がフェミニストと聞いてニヤリとしたり肩をすくめたりするのは、今のオランプ・ドゥ・グージュの線から言えば全然見当違いですけれども、別の線から言うと必ずしも見当違いじゃない。

というのは、西洋の男性はレディ・ファーストで女性を先に車に乗せたりエレベーターに先に乗せる。それからこれは今でもですが、一定以上の格式のレストランに夕食に行きますと、ギャルソン（ボーイ）は値段のついていないメニューを女性に見せる。値段のついたメニューは男性用なのですね。

そのときに「あら、私のところに値段ないわ」なんて言ってはいけないので、これは長年のしきたりで男が払うものだ、女は優しくしてもらってごちそうしてもらうものだ、というところからきています。そういう社会的な習慣を含めた場面でのレディ・ファーストというのは、男性と女性がオランプ・ドゥ・グージュの言うような意味での対等ではないから大事にしてもらっている、ということを意味しています。

この点は、両方の筋目を見分けて議論しなくてはいけない。私の向こうの友人たちを見ていますと、現在でも家庭生活で妻に財布を任せているという人はほとんどいません。その点では日本の女性の方が強い。夫が給料日に丸ごと袋を渡す、あるいは今だと振り込みの預金通帳を妻の方が管理しているというのは、普通の西欧の家庭では考えられません。

いろいろなケースがありますから、部分的な場面を見て女性が強いとか、男性が威張っているという断定はしない方がいいのです。小さな財布を預けられても困る、ということもあるでしょう。それはそれとして、ちょっとしたレストランの昼間、おしゃべりしながらワインなどを飲んで昼飯を食べている女性たちが多いですね。男性はかけそば一杯の一〇分で昼飯を終わって、会社でまた働かなくてはいけない。そういう局面だけみると、明らかに女性の方が結構じゃないですか、ということになるでしょう。

一番決定的な問題は、雇用や政治の場面での女性の進出を妨げる要素があまりにも多いということです。大学を卒業するまでは、女性が不利な処遇を世の中から受けているという意識はほとんどないでしょう。卒業するために職を探す段階で、初めて愕然《がくぜん》とする。小学校から大学まで、女性は男性に対して別段低い位置に置かれてきませんし、家庭の中でも、昔ならご馳走を長男には大きいところを、妹はもっと小さい切れっ端をなんていうのが標準家庭だったかもしれないけれども、今どきそんな家庭はないでしょう。就職という現実社会の壁にぶつかって初めて愕然とするのじゃないでしょうか。

同性カップルなど、その他の場合

同性のカップルを社会保障とか税法上のいろいろな措置の単位として、要するにファミリーとして認めるかどうかということも、フランスですったもんだのあげく一九九九年に法律が出来ました。

正式な名前には「連帯」という言葉が入っています。それはホモセクシャルのカップルの組み合わせだけではなくて、兄妹で一緒に住んでいたり、あるいは家族ではないけれどもお年寄りを介護しつつ住んでいるというような組み合わせを、ファミリーとして認めるということです。圧倒的にカトリックの強い社会ですから、当然、一方からは猛反対があります。

最近になってお隣のドイツで、これは社会民主党と緑の党（環境派）の公約だったからですが、両党の連立政権がフランスの法律に対応するような法案を連邦議会（下院）に提出しました（二〇〇〇年七月）。連邦参議院（州の代表の性格を持つ）では政権党は少数派ですから、すんなり通る可能性はありませんが、フランスと違ってこちらの方はもっぱらホモセクシャルが対象です。ドイツの憲法は「婚姻及び家族は、国家秩序の特別の保護を受ける」と規定しており、それとの関連で「結婚」という言葉は避けながらも、役所への届け出によって結合が成立し、同じ姓を名乗ることが可能となり、離縁の裁判手続、相互扶助義務などが具体的に定められています。同時に租税の配偶者控除は、もともと育児の負担との関連で認められたのだから同性のカップルには認められないとされています。

妊娠中絶をめぐる問題

先進国で妊娠中絶をめぐる問題が、深刻な法律論上、憲法論上、そしてもっと実質的な価値観の対立になっています。それがないのは日本だけでしょう。もちろん宗教が背景にあるからです。

一九七〇年代に、いくつかの国でそろって最高裁判所ないし憲法裁判所の判決が出ています。

その決め方は国によって正反対です。テキサス州で妊娠中絶を禁止する法律の合憲性を争って裁判になった事件で、妊娠中絶をするかどうかを決める女性の権利を、アメリカの最高裁は、合衆国憲法の明文の規定ではないけれども憲法が保障しているはずのプライバシー権として認めました。この場合の「プライバシー」という言葉には、人に知られたくないことを隠すというだけでなくて、自己決定という意味が含められています。「女性の自己決定」というふうに言い直した方がわかりやすいでしょう。これは憲法には書いていないのですが、最高裁はそれを憲法上の権利として認め、それに照らして妊娠中絶を認めない州法は憲法違反であると判断しました（一九七三年）。

なお、アメリカではそれぞれの判決を、「何々 vs《ヴァーサス》 何々」、原告対被告、上告人対被上告人、要するに訴えた側ないし上訴した側対逆の立場の者という形で、固有名詞で呼びます。刑事事件の場合には原告は私人ではありませんが、とにかく刑事事件も含めて「何々 vs 何々」です。自分の名前を出すのが嫌な当事者もいます。この事件は、「ロー vs ウエイド Roe vs Wade」と呼ばれているのですけれども、このローというのはアメリカの法律裁判上の取り扱いの約束事で、甲乙丙の甲という意味なのですね。

もともとこの事件は、当該の彼女自身の方は違憲訴訟として争うつもりはなかったのを、これで争って大判決をかち取ってやろうということで、弁護士がワシントンの最高裁まで持っていった事件なのです。とにかくこの一件で妊娠中絶の自由化が、アメリカでは画期的な段階に入ります。

アメリカの最高裁人事は最大の政治課題

その後レーガン大統領の八年間の任期の時代に、最高裁の構成はレーガン好みの人が選任されていった。話のついでですが、アメリカの場合に連邦最高裁の九人の裁判官が、どのように選任され、どのように国民から見られているかを話しておきましょう。連邦裁判所の裁判官は終身で定年制ではないのですから、死亡するか自分で「やめる」と言わない限り、最高裁についていえば九人の裁判官の空席は出ません。滅多に出てこないその機会に、どういう人を任命するかはアメリカの大統領にとって、四年間ないし八年間の最大の政治的な見識を発揮すべき場面の一つだといわれているのです。大統領の提案は、上院の賛成を得て初めて任命に結びつくのですけれども、現にレーガン大統領の時代には二人も上院で否決されたことがあります。もちろん否決されるよりは可決される方が多いのですが。こうして、全体として言えば、レーガン好みの人が最高裁判所に送り込まれます。

アメリカでは最高裁判所裁判官の任命が、言葉の本来の意味でポリティカルな性格を持ち、彼らも仕事でそういう役割を演ずることは当然と思われているのです。ポリティカルというのは、悪い意味で党派的とか党略的ということではなくて、最終的に国民、具体的には選挙民に責任を負うということです。国民の選挙によって選ばれる大統領が自分の見識で上院に提案し、上院が、これまたオープンな舞台でその指名への同意・不同意を決めるのです。上院は最近では候補者本人を呼んで公聴会を開き、今までどういう本を書いたのかなどから、根掘り葉掘りそれこそ本人のプライバシーまで聴き出します。ブッシュ時代に承認されたクラレンス・トーマスという人の場合にはセクハラ事件で対決までさせられ、それが全米にテレビで生中継されていました。そうやって上院の同意を得た上で任命されるわけです。

セクハラの相手と対決までさせられ、それこそ全方位的に丸裸にされて、その上で投票によって同意・不同意が決められる。しかし、いったん任命されると、象徴的な言葉ですけれども、最高裁の裁判官は「ジャッジJudge」（判事）じゃなくて「ジャスティスJustice」（正義）と呼ばれるのです。そこが何とも一見奇妙な取り合わせなのですが、抽象名詞のジャスティスと呼ばれるということは、もはや生身の人間くさい「判事」ではなく抽象的な「正義」の担い手だというわけでしょうか。

その結果、国民が大統領とか上院の選挙を通して反映させる国民意思というのが、タイムラグを置いて最高裁の構成に反映されることになります。たとえばレーガン時代に任命された人たちが、何人か入れ変わるにしても基本的にずうっとクリントン時代に最高裁を構成しているわけです。

するとクリントン時代に任命された人が、この次はどっちの党派が大統領になるかわかりませんけれども、そうやってタイムラグをもって判断を下す。そのときどきの多数派に対してしばしば非常にシビアな判断——違憲判決というのはまさに多数派の政策をブロックすることですから——が出ます。

妊娠中絶判例の話題に戻りましょう。レーガン時代に任命された人たちによって構成される、俗に言う「レーガン・コートの時代」になって、さっきお話したロー vs ウエイド事件判決の論理の射程がだんだん後退していきますけれども、まだロー判決以前にまでは逆転していないのが現状です。たとえば、妊娠中絶手術をする病院には公の補助をしないというような州法は、ロー判決での大上段からの議論の展開からすると、違憲とされてもいいようなケースでしょう。しかし、州の立法府の判断で補助金をやらないという形で妊娠中絶を抑制したからといって違憲ではない、というような判決が出てきます。その背景にはカトリック原理主義の暴力的な運動があって、妊娠中絶をするお医者さんのクリニックを焼き討ちしたり、場合によってはお医者さんの命をねらったりする、そういうすさまじい反応もあります。

妊娠中絶と死刑問題は大統領選での踏み絵

大統領選挙のたびごとに、この問題と死刑の問題が踏み絵にされてきました。今、いわゆる先進国の中で死刑制度を維持している例外が、日本とアメリカ合衆国——アメリカは州によって違いますが——になりました。例外というのは、ヨーロッパ諸国は全部死刑を廃止したからです。

ただし二つの問題には大きな違いもあります。死刑の問題は、世論は「悪い奴に死刑は当たり前」という見方に傾いていますから、死刑廃止に反対だというふうに答えれば票は減らない。候補者本人の信念に反することを言わなくてはいけないという別の大問題があるけれども、票の話からすれば割り切るのは簡単です。それに比べて、妊娠中絶は、賛否全く半々なのですから厄介な踏み絵です。単刀直入に妊娠中絶をもう一回「禁止せよ」と言うと、それこそフェミニズム運動を丸ごと敵にまわす。リベラル派の票を圧倒的に敵にまわすことになります。逆に「妊娠中絶自由化を維持すべきだ」と言うと、今度はカトリックを中心にする保守派の票を丸ごと敵にまわします。とにかくアメリカではこれは政治的な右、左をめぐる論点以上に深刻な、各人の価値観にかかわる大問題です。

アメリカと対照的なのがドイツです。七〇年代の欧米諸国の傾向で、西ドイツ（当時）でも受胎後一定期間を限って一定の条件のもとで、刑法の堕胎罪による刑罰から免れる法律改正が、一九七四年に行われました。

ドイツの場合には法律改正の方が先行したわけです。しかし、その法律がアメリカとは逆向きに違憲とされました。西ドイツの憲法裁判所は、胎児の生命が独立の存在として保護されるべきだという論点の方を重視しました。アメリカと正反対に、妊娠中絶を刑事罰から解放することを違憲としたのです。

アメリカの場合は、法律論のテクニカルな構成は別として、中身を言えば女性の自己決定がキーポイントでした。西ドイツの場合には、生命への権利、人間の尊厳がキーワードです。ドイツでは何といってもナチス時代の、ユダヤ人絶滅計画の実行は別格な話だとしても、生命価値への権力介入、劣ったとされる民族に対する断種の強制とか、要するに権力が現在と将来の生命の能力を判定してそれを操作するという歴史的な苦しい経験があっただけに、アメリカとは反対の対応になりました。

東西両ドイツが合併するときに、調整を要した面倒な法律問題の一つがこの問題でした。東の方では自由化されていたのを西を基準にして再統一したわけですから、過渡期の措置がとられました。

七〇年代以降、国際規模の学会のいろいろなシンポジウムとかラウンドテーブルでは、妊娠中絶、憲法、そして裁判所というテーマが、いわば一種の流行でした。現在それはさらに進んで、代理母の問題から、ありとあらゆる生命倫理の問題、安楽死の問題がとり上げられています。今度は生まれる方だけではなくて、死の方も含めた、個人の生と死にかかわる憲法問題です。生と死にかかわる憲法問題というのは、左翼と保守の間できれいに分かれる問題ではないでしょう？　そうであるだけに非常に複雑な争われ方をしています。

それに引きかえて日本の場合にはどうなのでしょうか。つい先年まで「優生保護法」という名前の法律で、恐るべき条文が実はそのまま残っていました。「不良な子孫の出生を防止する」ことをその第一条で法律の目的として掲げていました。「不良な子孫の出生を防止する」ことが大義名分とされていたのです。いまの「母体保護法」も「身体的又は経済的理由」による中絶をみとめていることもあって、事実上、町のお医者さんで自由に妊娠中絶が行われてきています。だから先進国で裁判例がないのは日本だけです。裁判で争う必要がなかったわけです。そして水子地蔵がたくさんのお寺に置かれることになりました。

妊娠中絶には後ろめたさとか罪悪感がやっぱりあるのではないでしょうか。だから水子地蔵に行くわけです。水子地蔵には行くけれども、社会的にアピールして、たとえば法律を改正させて、女性の自己決定という大義名分を掲げることによって妊娠中絶というシステムを可能にしよう、ということには結びつかなかった。

フランスの場合は非常に象徴的な出来事があったのです。フランスでも七〇年代にドイツと同じような方向で自由化の立法をして、憲法裁判所はドイツと正反対に「それでいい。憲法違反でない」と言ったのです。つまり、アメリカとドイツとフランスは組み合わせが少しずつ違います。

フランスでその立法のきっかけになったのは、今は憲法裁判所の判事になっているシモーヌ・ヴェーユという政治家をはじめとする人たちです。この人たちが連名で「実は、私たちもヤミで妊娠中絶をしました。私たちはお金があるから、外国に行ってヤミで妊娠中絶をしました」と公表した。有名な女性とか女優さんたちがあえてそういうことを告白して立法の必要を訴え、世の中にショックを与えたのです。自分の名前を出してあえてそういうアピールをして立法をさせようという強烈な意志が、人々を感動させたという段階がありました。

日本では、一般に政府提出法案自体が、何か強力な圧力団体、票を持っている「プレッシャー・グループ」の後押しがないとなかなか立法化が進まない。さっき言った夫婦別姓法案は、そういう業界団体がありませんから、せっかく政府提案が用意されても宙に浮いています。

圧力団体と議員立法

圧力団体がないと法律が通らない。圧力団体といっても説明をする必要があります。プレッシャー・グループという言葉はもともとアメリカ由来のもので、ヨーロッパや日本がそれを直訳して受けとめました。アメリカは立法と行政の権力分立で、政府提案という形はないのですから、政府は自分の政策を実施するために欲しい法案を、議員個々に働きかけて議会に提出させなくてはいけない。

そのまた議員に働きかけるのが「ロビイング lobbying」と称する活動です。ロビイングの語源は、議会のロビー（廊下）で議員に働きかけるということです。まさにオープンに大小さまざまなロビイストたちが、しばしば外国からの金で働きかけ云々というので話題になったりもしますが、そういうことも含めてあけっ広げに活動するのです。彼らは正式な事務所を持ち、ロビイストとして登録しています。

ところが日本の場合の圧力団体は、あけっ広げではなくて、目に見えないところで結びついています。業界団体、そして議員たちにも「建設族」とか「運輸族」とか呼ばれる「族議員」がいて、同じ政府提案でも、その働きかけ次第で簡単に通るのとなかなか通らないものがある。最近、九三年にいったん自民党の長期政権が崩れたころをきっかけに、確かに「議員立法」がかなり活性化してきました。このこと自体はいいことなのですが、時としてその議員立法は、賛否を慎重に検討するという手間を省いて、いきなり業界の利益をストレートに法律化するのに使われたりします。政府立法の形をとると、それなりに法制審議会でいろいろ法律論を詰めたり、あるいは日本弁護士連合会（日弁連）が異論を述べる。そういう厄介さを回避して政府立法という形を通さないで「業界立法」が出てくる。議員立法でも、いい議員立法、ボランティア活動など市民の非営利活動の促進を掲げるＮＰＯ法（特定非営利活動促進法）とかはもちろん結構なことなんですけれども、その反面をも見ておく必要があります。

本来必要な立法運動をどうやっていくのかが、これからの課題でしょう。今までは悪い法律が通ろうとしているのを阻止する「悪法阻止運動」が専《もっぱ》ら市民運動でした。そんな法律は憲法違反だ、あるいは憲法違反ではないとしても悪法だというように、市民運動は悪い法律をストップさせるために長年くたくたになった。それにもかかわらず悪法とされるものは減っていないのですが、それと同時に、本来通すべき立法を通すためにどうしたらいいかというのが、これからの課題ではないでしょうか。

少年法の扱い方

いま問題になっている少年事件にどう対処したらよいのか、正直いって私にはわかりません。わからないことを軽々しく話題にしたくないと思います。一七、一八歳というのは、昔であれば華厳の滝から飛び下りた藤村操《みさお》があり、戦後であれば全共闘運動があり、とにかく矢印の方向が自分自身に向かったり、あるいは社会の変革に向かったりしてきたのではないでしょうか。それが今、どうして他人を殺すということになるのか。これについては、精神医学者や少年法運用の現場で苦労している専門家のちゃんとした意見を私は聞きたい。ただ、いつも感ずるのは、不幸な例外的な事件をあえて一般化するような論調が、責任あるジャーナリズムを含めて強すぎるのではないかということです。「知りたい」読者がいるからといって、大新聞が一面トップで連日のように報道するというのはやり過ぎではないでしょうか。

少年事件への法の対処の問題について言いますと、基本的にいって二つのアプローチがあります。人権アプローチで行くか、少年の権利アプローチで行くか、ということです。人権アプローチは、大人と基本的に同じ「人」権の主体として認める。大人と基本的に同じ刑事裁判で、攻撃防御の主体として認める。公開の法廷で弁護人がついて検察と法律上対等な立場に立ち、それを裁判官が第三者として判断するというのが、大人の刑事被告人についての人権を守るための仕組みです。そういうふうに切りかえるのか。同時に人権アプローチは、被疑者としての少年を保護の主体ではなくて権利主張の主体として認めるというアプローチですから、当然、民法上の成人年齢あるいは選挙法上の成人年齢も引き下げなくてはいけません。

ちなみに、Gセブン参加国で選挙権年齢が二〇歳というのは日本だけで、あとはみんな一八歳です。日本の場合、被選挙権に至っては衆議院議員二五歳、参議院議員については三〇歳という、およそ若者の政治参加に対して最初から何か閉鎖的な姿勢です。学校内の自由という論点も大きく浮上してくるでしょう。そういうもの一切を含めて、少年にも「人」権の主体性を認めることを徹底させるというアプローチです。

それからもう一つは、「少年」の権利というアプローチがあります。もともと少年法の理念は、かつてアメリカで言われた「オー・マイ・サン（おお、我が息子よ）」と、悪いことをした不良少年を裁判官が呼び出して、「我が息子よ、この温かい手に包まれて、もう一回立派な人間になりなさい」というのがその根本の精神だったはずです。

そういう対極的な二つの価値観があるのです。そのどっちつかずで、肝心の少年にとってはどっちにも徹底しないことによって、不利な面だけが被疑者少年にしわ寄せになる可能性もあれば、少年が有利な面だけをつまみ食いするということも起こり得るでしょう。

今の少年事件の取り扱い方は、裁判官が、端的に言えば同時に検察官と弁護人をも兼ねて少年と相対する、そういう地道な仕事を実に辛抱強くやってきているのです。少年事件を専門にやってきた裁判官たちを私は個人的にも知っていますけれども、その人たちの経験をまず聞くべきだと思うのです。悩みつつそういう事件を扱ってきた人たちが、今の二つのアプローチのどちらにも徹しきれないで運用してきたと思うのです。何しろ普通の刑事事件ならば、検察官が全力投球して調べてきた事実を開陳させ、弁護人と公開の法廷でぶつけ合わせて、それを第三者として判断すればいいのですけれども、少年事件の理念は少年の権利保護アプローチですから、そうはいかない。そうであるだけに少年事件の場合には、裁判官の見識というか力量があっても、本人に事実そのものを頑強に否定されたら壁にぶつかってしまう。現にそういう不幸な事件がありました。

そういうケースだけが世の中にセンセーショナルに報道されるけれども、何百何千、あるいは何万という少年事件を戦後少年法のシステムのもとで扱ってきて、圧倒的に多くのケースではそれが非常にいい解決だったのかもしれない。しかし、それを人々はほとんど知らされていないわけでしょう。知らないままで、センセーショナルなケースだけを大新聞が一面トップで書き立てることによって、安易に一定の立法化の方向に世論がつくり上げられる傾向がありま す。精神的疾患を持った人が起こす不幸な事件についても同じことが言えるでしょう。

被害者の権利をめぐって

被害者の権利や立場をもっと重んぜよ、という声が強くなってきています。それ自体として重要なこの議論には、しかし危険な要素があることも知っておく必要があると思うのです。かつては被害者ないし被害者の身内が自分たちで復讐していました。それは文字通りの差しの復讐だった場合もあるし、お上から仇討ちの免許状をもらった公認の場合もあります。要するに被害者の自力救済です。それに加えて一罰百戒の見せしめの公開処刑には、見物人もきて共同の復讐感情を満足させていました。

西洋でももちろん最初はそうだったんですが、日本が明治維新になり、西洋流の近代法典や近代的な裁判を導入しないと彼らと対等に太刀打ちできないということになって、どうなったか。どうも彼らの国では私的な仇討ちは認めないで、国家が適正な手続で裁判をして、正義を回復することになっているらしい、ということになりました。このことが、被害者を制裁の場から遠ざけることにつながりました。

被害者の単純な復讐感情に任せてはいけない、国家が公正な正義の回復を図るのだということだったわけです。それは、それまでの仇討ち方式から比べると革命的な変化だったはずです。明治の人たちは、他にもいろいろな場面に出てくることですけれども、長年の鎖国から目隠しを外された直後だったにもかかわらず、西洋流の社会制度や法制度のポイントを驚くほどつかまえていました。そのような直感力があったと思うのです。これは何より、憲法の問題にしてもそうですけど刑事裁判についても同じだったといえます。そうやって、とにかく明治の体制ができた。

私的な報復は認めないという基本を揺るがすような形で、被害者にも物を言わせろということになってくるのは、危険な要素がある。ただし、これまであまりにも被害者を遠ざけ過ぎたという反省は必要でしょう。だから、被害者にもいろいろなことをきちんと知らせろとか、言うべき場面で言わせろというのは、全くそのとおりです。そのことを前提にしてですが、手放しでそっちに行くと逆の問題も生じます。たとえば私はあるとき旅先でヨーロッパのテレビで見たのですが、アメリカの人権活動家がアメリカでの状態を告発するという番組でした。これは死刑を存置している州でのことですけれども、死刑が執行される日時を被害者の家族に教えます。被害者の家族が前の晩に集まってシャンパンでお祝いをすることをはじめ、「仇討ち」の感情を満足させてゆくありさまが、写し出されていました。何か、昔の竹矢来《たけやらい》の中での処刑を連想させます。もちろん単なる見物人ではなくて被害者としてですから、それと同じには言えませんが、社会の成熟度の状況としてはそれを連想させます。そこまで行ってよいのだろうか。

話を本筋に戻しましょう。被害者ないし被害者の遺族のことを考えろという、それ自体もっともな議論が今改めて出てくるのは、国家が公正な正義を回復していないという疑念を社会に持たれているからだとすれば、そもそもそこを直さなくてはいけないはずです。被害者の私的報復というような論理が、二一世紀に復活する方向に行ってはまずいと思います。

Ⅱ　国家というものをどう考えるか

今、個人にとって国家とは

医薬行政、典型的にはエイズ薬剤の問題で、国家がなすべきことをしていないのではないかと問われています。それから現場の警察が、市民からの要求にこたえて活動してくれないという驚くべきことが、最近、重なって報道されています。

このように、一方では、大きく言えば国家が市民生活、個人を保護するというその役割を、実際には果たしていないということがあります。もともと一人ひとりが丸裸になることによって国家という一カ所に力を預ける、そのことによって個人の生活を保護してもらうというのが、社会契約論の論理そのものだったはずです。

アメリカでは武器を携える権利が憲法上の権利になっていますから、銃社会の悲劇がひっきりなしに起こり、市民自身が武装しているからといって決して自分たちの安全が維持されるわけでないということが、逆に悲劇的に実証されているのです。

ホッブズが「人は人にとってオオカミだ」、だから契約を取り結び、力を国家に預けて、自分たちの安全を確保するのだ、という論理を組み立てたのが近代国家の原型です。その国家と国民個人の関係をどのように取り結ぶかというのは、実際問題として憲法のすべての問題になるわけです。とにかく国民は武力を持たず、国家だけが警察力を持ち裁判をする権能を持っているわけですから、その国家が国家としての役割を十分に果たしてくれているのかどうかが問題です。

ここでちょっとつけ加えておきたいのは、中学あたりの教科書にも名前の出てくるこのトマス・ホッブズの思想についてです。彼の名前は、神話上の怪獣で彼の代表作のタイトルでもある『リヴァイアサン』とともに知られています。この怪獣のイメージのために、時として正反対に理解されていますが、ホッブズの言う国家は、あくまで個人の安全の確保という目的のために結ばれた契約の産物なのです。だからこそ、リヴァイアサンは、永久でも万能でもなく、「死すことあるべき神」と呼ばれたのです。

国家が個人の安全を確保するという、その目的をまじめに実行しようとしないとどういうことになるのか。医薬行政の場合、たとえば一番顕著な例はフランスであり、国家の側がエイズの医薬行政について輸血剤管理者の刑事責任を問われました。

事件当時の首相がロラン・ファビウスで、下院議長を経て、今大蔵大臣をやっていますが、彼と当時の厚生大臣ともう一人の閣僚が過失による殺人罪で起訴されました。結局無罪になりましたけれども、この事件は大臣の政治責任と刑事責任の問題、その関係という論争を引き起こし、憲法学者の間で書物（オリヴィエ・ボー著『汚染血液と閣僚の責任』）やシンポジウムという形での研究成果を生み出しました。日本のエイズ問題では、それだけのシリアスさを行政に問いかけ、首相ないし厚生大臣の刑事責任というところまで問題にする議論は、ついぞ起こりませんでした。

本来、個人を守ってくれるべき国家が、いざというときにどこかに行ってしまっている。大災害とか犯罪に対する対応というだけでなくて、より一般的にいって「規制撤廃」という名前のもとで、「ジャングルの経済法則」のままに世の中が委ねられようとしている。要するに国家がどこかに行ってしまおうとしている。

ところが他方では、「日の丸」と「君が代」に見られるように、やみくもに「国家」が強調され、国家の不在と国家の過剰という、奇妙な組み合わせがあります。本来国家というのは、その逆の組み合わせでなくてはいけないはずでした。人びとの心の問題について国家は中立を保ち、やみくもに出てきてはいけない。けれど市民生活の物質的な安全、経済的な生活水準の維持という点については、多かれ少なかれ国家がきちんと役割を果たしてもらわなくてはいけない、ということだったはずです。その肝心の点で、今の日本の国家のあり方は、本来あるべき姿の逆になっているのではないか。

なぜならば最近——そういうところにだけ「個人」が出てくるのですが——個人の自発的な創意と自己責任の原則を尊重するためだ、という言いまわしがよくみられます。しかし「日の丸」「君が代」に疑問を持つ自由というような場面になると、たとえば、「日の丸」の旗が上がって「君が代」斉唱のときに運動選手が口を動かしていなかったということを有力政治家が問題にする、というような干渉が行われています。

そもそも国家というものは、私たちから離れてどこか別のところで宙に浮いているわけではないでしょう。国家をつくり上げている一人ひとりの私たちが、選挙で選び、立法府以下をつくり、そして私たちが働いて納めている税金で、そういう国家を運営しているのです。税金の使い道を国民がきちんとコントロールしているかいないかということにもつながります。

「国家」について

「個人と国家」という、ずっとこの本で話題にしている事柄についての一番基本的なコンセプトの意味が、今いろいろ錯綜しているように思うのです。もう一度筋道を解きほぐしておく必要があるのではないでしょうか。

先ほど、ホッブズを例に出して社会契約ということを説明しました。近代以前の身分制というがんじがらめのしがらみ、それから宗教という人間社会をもろに全部覆い尽くしてしまうような巨大な力、こういうものに対抗しながら、近代国家というものが出てきます。

その近代国家が身分制を壊し、宗教と政治のかかわりを整理することによって個人を解放する。社会契約の理屈からすると、これはフィクションとしての論理なのですけれども、まず個人があって国家をつくった。歴史的な事実関係からすると、個人を封じ込めていたものを国家がばらばらにして、いわば個人を創り出した。そこのところは注意しておく必要があると思うのです。

社会契約論はあくまでも論理的な説明ですから、最初から個人があったわけではない。最初にあったのは、古代であればそれぞれの血族集団の中に、中世であればいろいろな身分制の秩序の中に、閉じ込められている人々です。これらが個人として社会の基礎的な構成要素になるためには、国家がそういうしがらみを壊す必要があります。

国家は、個人にとってはまず解放者だったのです。しかしこの解放者は、今度はひょっとすると全面的な支配者になりかねない。いったんそうなると国家が飛び抜けて強い存在になるわけですから、今度はその国家の出番を抑える国家からの自由が必要になってくる。だから個人の方から様々なルールをつくり——立憲主義ですね——国家を縛る。これが近代社会の描くモデル的なイメージです。

その際大事なことは、国家は、身分とか宗教とかと違って実体ではなくて、あくまでも社会契約論の論理で説明されるようなものなのだという了解で出発した、ということです。

ところで、確かに学校では「社会契約論」でそういう正統派的な近代国家ということを習うのですけれども、そうやってできた近代の国民国家は、それではすまされなくなってくる。というのは、フィクションのために「おまえは隣の国と戦争して死ね」と言われても、その気にはならないのが人間だからです。ましてや戦争というのは、憎んでもいない他人を殺すということですから、フィクションのためにそんなことはできない。だからこそ、それをやらせようという側は、改めて手っ取りばやく血のつながりという意味での「民族」を持ち出すのです。

日本は単一民族国家ではない

「民族」と「国家」の違いをはっきりとしておく必要があります。日本では、指導的な政治家で「日本は単一民族国家だから……」ということをいまだに何度でも言う人がいますけれども、これは事実に反します。他国と比べて一つの民族が占めている割合が圧倒的に大きいことは確かです。しかし、九七年の札幌地裁の判決は、アイヌの人々を少数民族集団として法的に認定しました。いわゆる二風谷《にぶだに》裁判です。それから同じ年に「アイヌ新法」と俗称される長い名前の法律「アイヌ文化の振興並びにアイヌの伝統等に関する知識の普及及び啓発に関する法律」ができました。

つまり立法府や裁判所は、日本が単一民族国家でないということをはっきり法的に確認しているのです。そのほか私たちの身近なところに、外国出自の日本国籍所有者の人々も——日本国籍を持っていない外国人の処遇の問題は、また別の問題ですが——たくさんいるのです。

近代国家をつくっているのは民族ではなくて国民なのだということを、国家と個人の関係を考える場合の大前提にしなければいけないのです。その辺の筋目があいまいなままの議論が多いのではないだろうか、と日ごろ感じています。

その上で国家と個人それぞれにとって、最近、国境の敷居が低くなってきている。プラスとマイナスの両方含めてです。独裁者も、国境の壁に守られて安閑としていられなくなっています。アジアの独裁者があっという間に権力を失うという例が続きました。

しかし国境の壁が低くなれば、批判の自由が入ってくると同時に、他方で経済万能の力が入ってくるということにもなります。これまで、それぞれの国民国家単位でいろいろな試行錯誤を経てつくり上げてきた生活のための条件が大波に洗われる。雇用の条件、社会保障の水準、年金制度、こういうものが「経済のグローバリゼーションの中で立ち行くためには、そんなぜいたくなことは言っていられないぞ」という形で押し流されはじめます。

そういう理由で、国家というものの影がだんだん薄くなってくる。国家の影が薄くなると、お金とか宗教とか民族とかこういうナマの力が、公共社会をそれだけ強くつかまえることになります。考えてみれば近代国家は、まず宗教から国民を解放しました。次に一九世紀以降、とりわけ二〇世紀に入ってきますと、お金の力を相対化させるために、生存権とか労働基本権とかをつくる。特に複数の民族が共存しているようなところでは、それがぶつかり合わないために、たとえば連邦制というようなものを工夫してきました。

宗教とかお金とか民族は、それぞれはもちろん価値のあるものです。しかし、それとしては価値のあるものだけれども、民族とか宗教とかお金とかが丸ごと公共社会を乗っ取ってしまってはいけないでしょう。

スイスのある学者は、「国家を民族の人質にしてはならない」という言い方で、問題を鋭く指摘しています。その傾向に対してどういう歯どめをかけるか。言うまでもないことですけれども、今世界中で悲劇のもとになっている宗教の争い、あるいは民族紛争というのは、国家が強過ぎるからではなくて国家が弱いからです。場合によっては、国家がそういう宗教とか民族にハイジャックされ、その意のままに動かされている。

それに対して、本来ホッブズ以来の社会契約の論理が私たちに説明してくれたような国家を、復権させる。最近の論壇では国家は非常に評判が悪く、国家の相対化は非常に評判がいいのですけれども、今言ったような側面を踏まえた議論でないとおかしなことになります。

国家が出てくるべきところで出てこないで、本来は出るべきでないところに出しゃばる。これが前に触れた一九九九年の「国旗・国歌法」の立法過程で問題にされたことです。

国民経済をグローバルスタンダードの荒波から守る場面では、「国家は、もう何もしないよ。みんな自助努力でやりなさい」と言いつつ、「日の丸・君が代は、ちゃんとやらなくちゃだめだよ」という取り合わせになっています。本来はその逆でなくてはいけないのではないかということです。これが「国家」の方の問題です。

「個人」について

「個人」の方はどうか。ここまで終始一貫して個人というものを基本に物を考えるという観点からお話しをしてきましたから、ここでまとめて整理をしておきたいと思います。

近代憲法の正統的な考え方に従えば、いちばん厳格な意味での「人権」の主体としての「個人」、自分自身で考え、自分自身で決め、自分でそのことについて責任を負うような個人が、想定されています。しかしここでも、社会契約論の国家がフィクションであるのと同じように、この個人もフィクションなのです。生身の個人はそんな立派なものではなく、弱い。自分で考えるよりも何かその場の都合で強い人についてしまったり、あるいは自分がおかしいと思っても黙っていた方が利益になるなら黙っているという、そういう弱い存在です。

弱いからこそ、たとえば二〇世紀の法思想は、一人ひとりでは弱いから労働者の団結ということで労働基本権を法制度化してきました。これは非常に重要なことだし今でも重要なのですが、しかし、労働基本権、団結が大事だからといって、そこに自分自身を預けてしまうとどういうことが起こるのかというと、労働運動の中での政治的な思想の自由などがなくなってくる。

また弱いことになってしまう。本当は弱いのだという自覚をしながらも、自分の考えのこれだけは譲れないということには忠実であろうとする、やせ我慢の個人というのが本来想定されているはずなのです。

ところがここでも、「これからは個人責任で行かないといけないんだよ」ということを、現に強い立場にいる人々が説くという現象が起こっています。これではあべこべじゃないか。もともと強い人はそんなことを言う必要はないのです。弱いからこそ、個人の尊厳ということを言う必要がある。ここでも、ねじれを解きほぐしていく必要があるのではなかろうかということです。

グローバリゼーションへの対応

世界的に、九〇年代に入ってから、強い立場にある方が「自己責任」ということを説く。北と南の関係でそういう問題がいろいろなところできしみを起こしています。グローバリゼーションの問題がそうです。グローバリゼーションの方向は、大きな流れとしては、おそらく押しとどめがたいものでしょう。しかし、ここでもそれをグローバリゼーションの洪水のままにしていいのか。その洪水を少しでも合理的な流れに導入していくことができないのかどうか。

ここ数年、世界の注目を集めるようになったダボスの「世界経済フォーラム」というのがあります。事務局のお世話役をやっているこの主唱者――私はいまだにその人の国籍は知らないのですけれども――と、二、三度会食をしたことがあります。私はもちろん場違いですから、加わったことはありませんが、世界中のリッチな国のリッチな人たちが集まる経済フォーラムですけれども、最近は政治指導者たちも参加しています。ことしはクリントンも行ったのでしょうか。日本でもかつて竹下登さん、近年は加藤紘一さんなども出席しています。経団連の方々などはもちろん本来のメンバーです。まさに今のグローバリゼーションのなかでの強い方、「勝ち組」をシンボリックに表わしています。場所からして、ダボスは、スイスのすごく快適なスキー場を兼ねた保養地です。そこで毎年、冬のスキー・シーズンの一月の末に開かれます。

それに対して九九年秋にシアトルで開かれた世界貿易機関(WTO)の会議の際に、ダボス会議とかWTOがシンボライズするグローバリゼーションに対して、「ノー」を言うNGOや、国によっては政権側にある人たちも含めて、抗議に集まりました。そういう流れを受けて、二〇〇一年一月に第一回の――ダボスの方は「世界経済フォーラム」ですが――こちらは「世界社会フォーラム」という行事が、シアトルで抗議したような人たちが参集するものとして企画されているようです。場所はブラジルのポルトアレグレ――これはブラジルのリオ-グランデ-ド-スル州の州都なのですが、前回の選挙でこの州の政権を取った側が「参加民主主義」を掲げていろいろなことを試行錯誤でやっているのです――で、ダボスの向こうを張って「世界経済フォーラム」ならぬ「世界社会フォーラム」を、同じ日にぶつけてやるのだそうです。

日本のメディアはどちらかというと、影というか日の当たらない部分でのいろいろな変化をなかなか紹介しませんし、これなどはうまくいくのかいかないのかわかりません。しかし、グローバリゼーションの流れのままに身を委ねていいのだろうかという声は、やはり世界の各所で出てきはじめているようです。ほかならぬ日本のいろいろな場面でも、人間の意志の力、イマジネーションという意味での想像力やクリエイティブという意味での創造力が、何か特定の問題に限らず求められているのではないでしょうか。

Ⅲ　日本人の法意識

「和をもって貴しとなす」では法律はいらない

聖徳太子の一七カ条の憲法についておもしろい話を聞いたことがあるのです。井上ひさしさんが山形の川西町でやっている「生活者大学校」で、永六輔さんと私の二人の組み合わせでおつき合いしたときに、永さん自身は歌手の三波春夫さんから聞いたというんですが、三波さんは一七カ条の憲法に造詣が深いそうです。

それによると、一七カ条の憲法は五つあったのだそうです。それで合計では八五カ条。「和をもって貴しとなす」という第一条で知られているのは、役人に対して向けられた掟です。そのほかに僧侶に対して向けられた一七カ条、神職に対して向けられた一七カ条などで、合計八五条あるのだという話です。私自身は調べがついてませんが。

「憲法」という字は使われていますけれども、それは基本的な掟という意味でしょう。西洋近代法が、中世にさかのぼる伝統を背負いながらつくり出したもの、私たちが今「憲法」という言葉で指しているものとは別物です。私たちが今問題にしている「憲法」は、一七八九年人権宣言一六条が簡潔に述べているように「権利の保障が確保されず、権力の分立が定められていない社会は憲法を持たない」という意味での「憲法」であって、その根元のところにあるのは、権利の主体である個人を基礎として社会ができ上がっているという考え方なのです。

この一七カ条の憲法の真っ先に出てくる「和をもって貴しとなす」ということが期せずして、まさに日本人の法意識を問題にする場合のキーワードになっています。「和をもって貴しとなす」が限られた私的空間、夫婦の間とか親しい友人たちの間で成立する場合は別として、世の中を動かす倫理の基本とされるとなると、どうでしょうか。日本の社会そのものがなかなかきちんと背筋を伸ばしたものになれない理由として、いわば根っこのところにこの問題があるのではないでしょうか。

話は飛びますけれども、学者から最高裁の裁判官を一〇年お務めになって、退官なさった後、『裁判官と学者の間』という書物をお書きになった伊藤正己さんが、「和」のもたらす問題性を指摘しておられます。私たちが考えても、最高裁自体の中で和が支配していては困ります。最高裁の裁判官会議で判決文をつくるときに和が支配し、それから最高裁と高等裁判所以下の裁判所の間でも和が支配したのではどうしようもない。いろいろな議論がぶつかり合うことによってこそ精緻な法律論が、また内容的にも妥当な解決が出せるはずでしょう。国民が選挙で選んだ議員さんたちがつくった法律を違憲無効と判断するためには、政治と法律の間の「和」を重んじていたのではむずかしい。およそ「和をもって貴しとなす」のであれば、実は法律も要らないし、裁判所で争う必要もないということになります。

私の子供が仙台のある小学校に入学しました。学校の北側が仙台高等裁判所、南側が東北大学の片平キャンパス。その小学校の校長先生は、私自身が小学校のときにいらした先生だったものですから、入学式に行ってみた。大変いい先生でいらした。だからこそおつき合いがずうっとあったわけですが、校長先生のあいさつで「きちんと勉強して、体を鍛えて、こっち側(南)に行くようになりなさいよ、こっち(北)に行っちゃいけませんよ」と言われた。仙台で代表的な教育機関である東北大学を例に出して、勉強したい人はちゃんと上の学校に行けるように、しかし、罪を犯して裁判所に行くようなことがあってはいけませんよというのは、まさに日本社会の法意識を表わしています。

明治以前の日本の民事裁判例

裁判という場合にまず刑事裁判を思い出すのか、そうではなくて市民同士の利益の衝突、あるいは主張の衝突を公平な第三者である国家機関に裁いてもらうことを思い出すのか。その意味で裁判を受ける権利のことを思い出すか。そしてさらに市民対市民の民事裁判だけではなくて、行政がおかしいことをやって市民の利益を侵す場合には、市民対行政、つまり国とか都道府県、市町村を相手取って裁判所の公平な判断を求めることができるはずだ、と考えるのかどうか。そういう民事裁判、行政裁判を、本来「裁判」という言葉で連想しなくてはいけないのですけれども、日本社会の普通の人の意識では、裁判と聞くとやっぱり、昔で言えば編笠を被せて引き出され、法廷に立たされる刑事裁判を連想してきたのです。さすがにこの点は一九六〇年代、高度成長以後の日本の社会の構造変化である程度変わってきてはいるのでしょうが、本来はそうだったのではないでしょうか。

しかし日本でも民事裁判が、重要な役割を果たすものとして世の中で見られていたという経験がないわけではないでしょう。たとえばお能の「砧《きぬた》」なんていうのは九州の土地争いで、裁判のための「在京」が長引いて夫が何年も帰ってこない、その孤閨《こけい》を嘆く奥さんの話ですね。「鳥追舟《とりおいぶね》」の話もやはり九州で——都から遠隔でないと話の前提ができませんから——訴訟のための「在京」の留守中に、主君の子に鳥追いの使役を強制する悪役が出てきます。この手の芝居はたくさんあります。

もともと「一所懸命」というのは、一つのところに命をかけるという意味です。鎌倉武士が自分の所領の争いで、弓矢でもって確保した自分の土地が不当に侵された場合には、鎌倉幕府の裁判を求めた。これは明らかに民事裁判です。歴史家によると「乱訴」、訴訟が多過ぎるという言われ方をした時代すらあったということです。

つまり、権利主張の意識が日本社会に全然なかったわけではない。それどころか時の権力に正面から楯ついた、中世末期の一向宗や日蓮宗不受不施《ふじゅふせ》派の歴史もあったわけでしょう。迫害に耐えて殉教までしたキリシタンの人たちもいましたし、さらには堺や博多の商人のように自分たちの財力を基盤とする都市の自治を楯にとって、結局は対抗できなかったのですけれども、たやすくは時の最高権力の意のままにならなかった伝統もあったはずです。また、幕末の開国から「大日本帝国憲法」ができるまでの時期の、とりわけ自由民権運動を母体として、有名無名のいろいろな民間憲法案というものが議論されてきたような経緯を、不当に無視することは事実に反しています。

そういうものが全くなくて、日本社会の歴史は「忍従」の歴史だけであったとか、そこへ西洋流の「人権」だとかなんとかややこしいものを持ち込んだのはマッカーサーだというのは、歴史上の事実に反することです。

明治憲法の立憲思想

帝国憲法ができたのが明治二二年（一八八九）ですから、明治維新からも二〇年以上もたっています。安政条約の一八五八年から考えれば三〇年たっている。この三〇年間は、非常にいろいろな可能性を持った時期だったということを、何回でも振り返ってみていいのではないか。いろんな民間憲法案にそれは表われています。結局「大日本帝国憲法」は、そういう下からの民間憲法案の線を押しつぶす形で、上から「欽定憲法」として授けられることになるのですけれども、その場合に、その指導者たちですら、憲法をつくることの意味に決して鈍感ではなかった。

伊藤博文がすでに「そもそも憲法を創設するの精神は、第一、君権を制限し、第二、臣民の権利を保護するにあり」と言っています。君主の権力を制限する。それと裏腹で、臣民たりといえども――ご承知のように、明治憲法は人権という観念は認めないわけですけれども――権利を持つ。「立憲」という言葉の意味がそれとしてきちんと理解されていたのです。

それから一〇〇年以上たった今、有力政治家たちが気軽に「日本国憲法」の問題点の一つとして、第三章の「国民の権利及び義務」、第一〇条から四〇条までを見ると義務の数がえらく少ない、権利に重く義務に軽い、ということを繰り返し言っています。これは一一〇年前の伊藤博文以前の感覚に戻っているのではないでしょうか。

下からの憲法をつくろうという民間の要素があり、それを押さえつける形で帝国憲法をつくった指導者ですら、憲法をつくるからには主権者である天皇の君権すら制限するのだ、そしてその分臣民の権利を確保するのだということをきちんとわきまえていた。

だからそういう憲法がつくられるや否や、今度は帝国議会の衆議院が藩閥政府に対抗する勢力の拠点になるわけです。いろいろな段階を経て「憲政の常道」というスローガンで結集した憲政擁護運動があって、いわゆる責任内閣制、衆議院の選挙によって多数を得た党の党首を天皇が内閣総理大臣に任命するという慣行ができ上がる（一九二四年）と同時に、男性限りですけれども、普通選挙が行われみんなが一票を持って参入することになる（一九二五年の普通選挙法成立）。一九二六年が大正の終わりですから、まさに大正デモクラシーの成果です。

日本にとって不幸だったのは、ようやくそこまできたときに世界史そのものが逆転する時期にぶつかってしまったことです。一九二九年のアメリカ発の大恐慌です。一九三〇年代というのは、議会制民主主義では世の中を乗り切れないということで、イタリアのムッソリーニのファシズム、ドイツのヒトラーの独裁政治へ世の中の流れが移っていく中で、日本でもせっかくでき上がった責任内閣、政党内閣がまた逆転する。正確に言うと八年しかもたなかったことになります。一九二四年から一九三二年までです。五・一五事件で犬養毅《つよし》首相が暗殺されたのを契機として、政党内閣の慣行がまた逆転してしまう。

国内ではそれこそ最終的にはエロ・グロ・ナンセンスの自由すら、そういう一滴の自由もなくなってしまう。世の中全体が陸軍の軍服のカーキ色になる。お兄さんと妹が街を歩いていても「何だ、おまえらは。この非常時に」という世の中になってしまった。外に対してはアジア侵略の最終局面へと転回してゆくことになっていきます。

明治初期の民衆憲法運動

そういうジグザグの歴史を私たち自身もいつも思い出し、若い人たちにとにかく事実を知ってもらうことです。物の考え方はそれぞれ自由でいいわけですけれども、歴史の事実を評価以前にまず正確に知るということが、今につながる大事なことです。

まず、自由民権運動のいわばビッグネームと結びついた幾つかの憲法案があります。中でも一番有名なのが、四国土佐の民権運動家の植木《うえき》枝盛《えもり》の書いた案です。彼はその条文の中に、たとえば「抵抗権」という思想を条文化しています。抵抗権というのは西欧の憲法思想にとっては、前面に出すか伏流として基層になっているかは別として、当然のロジックなのです。

理屈の説明としてのフィクションですけれども、人々は自分たちの権利をよりよく保全するために、社会契約を取り結んで国家をつくった。したがって国家には、その本来の契約の約束どおり仕事をしてもらわなくてはいけない。それをしなくなったような国家の統治者は退場願う、取りかえることができる、というわけです。

取りかえようとしても引き下がらない場合には、最終的に契約違反に対する制裁として、実力をもってしてでも追い払うことができる、というのが抵抗権です。これは西洋の全く正統的な自由主義思想であって、別に危険思想でも何でもない。生まれながらの人権というものがあって、それを確保するための契約による公共社会の設定があって、契約違反の場合の最終的な反撃手段として抵抗権がある、という論理です。植木枝盛案の条文は「政府国憲ニ違背スルトキハ日本人民ハ之ニ従ハザルコトヲ得」。「政府恣《ほしいまま》ニ国憲ニ背キ擅《ほしいまま》ニ人民ノ自由権利ヲ残害シ建国ノ旨趣ヲ妨グルトキハ日本国民ハ之ヲ覆滅シテ新政府ヲ建設スルコトヲ得」というのです。

植木枝盛案がいわばビッグネームの民間憲法案の典型だとして、ほかにもたくさんそういうものがあったに違いないと思わせる点でも重要なのですが、そういう例として戦後、一九六八年になってから日本史学者の色川大吉さんのチームが、東京都下奥多摩の山中の五日市の奥の旧家の土蔵の中から発掘したものを挙げておきます。これは『民衆憲法の創造』という書物に紹介されています。

民衆憲法に表われた「皇帝」と「人民」

仙台の元下級青年藩士の千葉卓三郎という人物がいました。明治維新で仙台藩は賊軍になって、多くの藩士は広く離散しました。そのうちの一人である彼がいろいろな経緯を経てその山村に居ついたのです。

彼はギリシャ正教から儒者に近づき、さらにカトリックからプロテスタントへという激しい思想遍歴をした人です。五日市に落ちついて小学校の助教員格の仕事をしました。

その彼が山村の普通の農民青年たちと、当時の非常にハードな労働を終えた後の夜に集会を開いています。そしていろいろな議論を交わして、条文化した自分たちの憲法案をまとめているのです。「凡《およ》ソ日本国ニ在居スル人民ハ内外国人ヲ論セス其身体生命財産名誉ヲ保固ス」という条文もあります。自分たちでいろいろルールをつくり、色川さんによると「三回以上発言しなかった人間は除名する」という厳しい運用もあったそうです。たとえばこういう千葉卓三郎という人は、歴史家の努力と偶然によって発掘されるまで歴史上だれも知らなかった人ですから、ほかにもいろいろなところに憲法草案があったのだろうということを思わせます。

こういう基礎が二三〇年間の鎖国を解かれて間もない時期にすでにあった、ということは考えてみれば驚くべきことです。その際、注目に値することですが、こういった民間草案で使われている言葉は「人民」なのです。やがて帝国憲法で「臣民」になり、日本国憲法でようやく「国民」に戻るわけですが、明治の初期には「人民」です。

それから、多くの民間憲法案が「皇帝」あるいは「国帝」という言葉を使っています。「天皇」ではなくて「皇帝」です。農村青年たちが議論している言葉自体が、世界一般に共通の「皇帝」とか「人民」という言葉なのです。日本独自の「天皇」とか「臣民」ではなくて「皇帝」と「人民」、これはどこにでも当てはまる話でしょう？「皇帝」とか「国帝」そして「人民」という、いわば普通名詞で議論が行われているのです。

普遍的な西欧型の憲法を議論する道具立てが抵抗なしにスーッと入ってきている。しかも、それを日々の生活に地についた形で結びつけている。決して一握りの知識人が西欧のものをそのまま、横のものを縦にしたような憲法論ではなかったということです。

幕末の青年藩士が見たアメリカ

　そういう感受性ということについて、千葉卓三郎と同じ仙台藩ということで挙げておきたいのですけれども、幕末の万延年間（一八六〇年）に幕府の外国奉行・新見豊前守が訪米使節として太平洋を往復したのに随員として参加した仙台藩士がいます。この玉蟲左太夫《たまむしさだゆう》という人物はやがて勤皇佐幕という藩論の分裂の中で切腹させられることになるのですが、自分の日記『航米日録』を残しています。自由民権運動が出てくる時代よりももっと早い、本当にまだ明治維新以前なのですから、国の目隠しを外されたばかりの時期です。仙台藩という確かに有数な大藩ではあるけれども、権力の中心ではない、京都とか江戸ではないところの一青年藩士がいかに物を見る目を持っていたか、驚くべきものがあります。

　まず行きの船の中で――アメリカの船に便乗しているわけですから、船員たちは皆アメリカ人なんですね――水兵が死んだ。艦長以下がその水葬礼に立ち会ったのを見て彼はすごく感動するのです。彼らを「礼法に於いては禽獣同様」――というのは日本のようにひざをついて頭を下げたりなんかしない。おそらく「へーイ」なんて言っているんでしょうね――とまで見ていた玉蟲が、上官が下僚の弔いにみずから出てきて本当に悲しんで弔ってやっているのに、いわばカルチュア・ショックを受ける。それに引きかえると、日本では足軽が死んだって、犬馬を遇するごときものだ。「故に上下の情日に薄く、却って彼に恥じること多し。今、彼を見て、誰か心に恥ざらんや」。やたらにややこしい礼儀作法などはやっていないけれども、いかに上と下が信頼関係で結びついているか。だからこそ「緩急の節は、各力を尽して身を忘る。其国盛なるも亦《また》故ある哉」となるのです。

船の中からして既にそうです。向こうに行くと、大統領というものをちゃんと選挙で選んでいて、自分の息子だからといって跡取りにするわけではない。「国例」つまり法律は皆が集まって決め、大統領も庶民と同じようにこれを守らなくてはいけない。それにしても、「政事等に預る」のは白人だけだということも見て取っています。

アメリカに行って最初に「ワシントンの子孫はどこにいるのか」と聞いた人がいました。日本から行った質問者としては当然の問でしょうが、そうしたら「いや、知らない」と言われて彼はびっくりした。つまり、徳川家康の子孫がどこにいるかと言われたら、日本だったらだれだって知っている。ところが「ワシントンの子孫はどこにいるんだ」と聞かれて「いや、どこにいるかわからない」ということでびっくりしたというのですけれども、びっくりするだけじゃなくて、この玉蟲左太夫の読み取り方はすばやく的確だったことになります。

彼はまた、学校と病院という制度に非常に興味を示します。要するにお上が学校というものをつくって人に物を教えている。仙台にも藩校があるわけだけれども、アメリカではもっと広く大きい。それから病院というのがある。救貧院というのがある。要するに貧民救済の施設ですね。こういうものを見に行こうとするんだけれども、使節一行はそういうものに興味を示さない。そして専ら買い物ばかりしている。ショッピングです。同じものをたくさん買い込んでいる。これはおそらく国に帰って利ざやを取って売るつもりなんだろう、浅ましきかな、と彼は感じる。この箇所は、『日録』の最後の部分を「巻之八」としたうえで「敢て他人に示すには非ず」として書いているのですが。

そういう感覚、雑多なものの中からいろいろなものを読み取る能力というのは、日本人は決して貧しかったわけではない。

話はいきなり飛びますけれども、とりわけ一九八〇年代から九〇年にかけてのバブルの時期に、もはや日本はよそに学ぶべきものは何もない、欧米から日本は学ぶものは何もない、ましてアジアから学ぶものはない、という大合唱が、文部省の教科書検定官からジャーナリズムの論客に至るまで、世の中を覆った時期があるでしょう。これが同じ日本人かと思うような落差ではないですか。

Ⅳ　民主主義から立憲主義へ

――現代ヨーロッパとの比較の中で

あらためて立憲主義とは何か

「憲法」という言葉には「法」という字が語尾にきます。そうすると、どうしても人々は書いたものを思い出す、あるいは条文を考える。日本の中学、高校レベルで憲法を教えるときにも、どうも煩瑣《はんさ》な条文の話になっているらしい。

そういう誤解を初めから防ぐために「立憲主義（コンスティチューショナリズム constitutional-ism）」という言葉の方がいいと思う。一つのイズムですから、世の中の組み立てについての一つの考え方です。

コンスティチューショナリズムは、要するに権力に勝手なことをさせないという、非常にわかりやすくいえばその一語に尽きると言っていい。

そういう意味で、「デモクラシー democracy」という言葉と対照してみるとわかりやすいでしょう。こちらはもともと言葉の語源としては、ギリシャ語のデモス（民衆）と、クラチア（支配）です。つまり民衆の支配です。実際は、民衆の名のもとにだれかの支配になるわけです。「民主主義」という言葉は、対抗するものが立ちはだかっているときには、専らそれを否定するという意味で積極的な意味を持っていた。立ちはだかるのは民衆の反対の君主で、君主の背後には神様がいました。西洋流に言えば王権神授説です。神が君主に権力を授けた。だから、君主は神の権威でもって人民を支配するのは当然だということになります。そういう王権神授説的な君主の支配をひっくり返すことが、まさに「民主」だったわけです。

今では王権神授説的な言説は、ほとんど世界中、地球上で通用しない。ほとんどというのは、世界中に二〇〇ほどある統治単位、いわゆる国家の中には、必ずしもそうでない、例外的に伝統的な国家もあるからです。日本の場合には、指導的な政治家がときどき神様を思い出したりしていますが、これも世界の例外の一つでしょうか。

ついでにいうと、バートランド・ラッセルという人が戦前に書いた文章で、日本のことを引き合いに出したものがあります。イギリスでは王権神授説は数世紀前に克服された、したがってこういう議論は、今、我々がまっとうに議論をするときに取り上げる必要はないが、東洋の日本という国ではミカドがまさにそういう統治をしている、というふうに彼は書いています。

日本社会のしかも指導的な人々の間で、バートランド・ラッセルの指摘が今でも当てはまっている場合もありますけれども、大きくいって、今や民主の対抗物はなくなった。逆に現代の独裁政治、一党支配は決して民主を否定しなかった。スターリンは人民の名において人民の敵を粛清したわけですし、ヒトラーの率いるナチスは名前からして民族社会主義ドイツ労働者党ですから、やっぱり人民です。現実に彼は人民の選挙で第一党となって、ワイマール憲法を実質上ひっくり返してしまった。

それから時代はずうっと下って、ユーゴスラビアのミロシェヴィッチも選挙でその地位についていましたし、それどころか、二〇〇〇年七月には大統領を直接選挙で選ぶ制度に変えて国内の基盤を一層固めようとしました。イラクのサダム・フセインは選挙ではないにしても、国民投票をやると九十何パーセントが彼を支持している。これも人民の名のもとの統治です。最終的な局面で独裁者たちに引導を渡すのも、おそらく人民自身だとしてもです。

日常場面では「民主」という言葉は実は何事も語っていない。ごくわずかな例外を除いて、あらゆる政治体制が民主の名において説明されているからです。そうなってくると民主を名乗る政治権力も制限されなければいけないという「立憲主義」が、一番のキーポイントになる。

実はそのことが、少なくとも世界の先進国レベルで共通認識になったのは比較的最近なのです。というのは、かつては民主の旗によって世の中が進歩していくことへの幻想があった。だから、民主を推し進めれば進めるほどまっとうな世の中になっていくという期待があったのです。ところがいろいろな「民主」をやってみたけれども、しばしばそれは惨憺《さんたん》たる結果をもたらしてきた。

そこで「立憲主義」という言葉が思い出されてきた。なぜ「思い出されてきた」と言うのかというと、立憲主義という言葉は中世にさかのぼる古い歴史的過去を背負っているからです。とりわけ一九世紀のドイツではこの言葉がキーワードとなりました。一九世紀のドイツはどういう立場にあったのか。お隣のフランス、さらにその向こう側のイギリスは、私の言う「四つの八九年」の、一六八九年と一七八九年に、「権利章典」と「人権宣言」という歴史的文書をのこし、いち早く近代国民国家をつくってそっちの方にどんどん進んで行っている。

「四つの八九年」とは

今、「四つの八九年」ということを言いました。これはフランス革命と人権宣言の二〇〇周年を記念する大がかりな国際学会（一九八九年七月、パリ）のときに私が提唱したものです。二〇〇周年ですからとりあえず「二つの八九年」です。フランス革命の一〇〇年前、一歩先に近代国家の歴史を歩んでいたイギリスで、絶対王制を倒した後のクロムウェル独裁をへて、議会を中心とする体制を新しい王権との間で協定した「権利章典」が一六八九年です。これで三つ。一七、一八世紀の「八九年」はイギリス、フランスという先発近代国家の憲法史のシンボルでした。それに対し一九世紀の「八九年」は、ほかならぬ大日本帝国憲法発布の年です。これは後発近代国家、それもヨーロッパ文化圏の外から参入してゆく国家の典型例となるでしょう。ところで、私がこの言いまわしを初めて使ったのは一九八九年の七月だったのですが、その年の秋から冬にかけて、ソ連・東欧圏での一党支配体制の崩壊という一大変化が起こります。こうして二〇世紀の「八九年」も、先立つ三つのそれを測る基準というだけでなく、それ自体、立憲主義の展開史にとっての大きな節目を意味するものになりました。

一九世紀ドイツの「立憲主義」が意味したこと

話を戻します。先発近代国家のイギリス、フランスと違って、一九世紀になっても、まだドイツという国家はなかった。日本で封建時代の大小の藩の単位をよく「三百諸侯」といいますけれども、今のドイツにほぼ当たる部分には三〇〇を超える国家があった。プロイセンみたいに大きいところもありますけれども、小さいところを含めて、王国、大公国、自治都市などの統治単位に分かれていました。したがって、これからドイツという国家をつくらなくてはいけないという段階でした。

ようやくそれが実現したのが、当時のヨーロッパ最大の大国フランスのナポレオン三世に新興プロイセンが勝った、そのプロイセンの実力を背景にしたドイツ帝国の統一です。その結果が一八七一年のドイツ帝国憲法です。イギリス、フランスと並んで、ここでようやくドイツという国家が成立したのですけれども、中身が違っていました。イギリスは「国会主権」という言い方をしますが、君主はいますけれどもほかの国の言葉で言えば国民主権です。この時期のフランスは、もちろん国民主権ないし人民主権です。

ドイツの場合にはプロイセン国王がドイツ皇帝になって、君主権力がまだ非常に強い。しかし憲法をつくって議会をつくりますと、プロイセン単位であれ、あるいは新しくできたドイツ帝国の単位であれ、君主対議会がぶつかり合うことになります。

イギリスやフランスのように、議会が決定的な優位に立つというところまでは行かない。しかし、議会だって黙ってはいないというわけで、古い支配体制を表現する君主の権力と新しく上昇してくる権力である議会とがにらみ合ったまま、どっちも決定的には勝てない。結局は第一次大戦の敗戦で帝政が壊れることによってワイマール憲法で国民主権になるのですけれども、それまでの間は君主対議会が対抗し合って、どっちも決定的には相手を圧倒できないでいた。そのときに使われたのが「立憲主義」なのです。君主といえども勝手なことはできないけれども、イギリスやフランスみたいに議会を圧倒的な優位にも立たせないぞという、つまり権力の相互抑制です。

この時期のイギリスやフランスは「民主」であって、ドイツは「立憲主義」だった。日本はそのドイツにならったわけです。明治初期の指導者たちは好んで「立憲主義」という言葉を使った。たとえば先に挙げた伊藤博文も、およそ「立憲主義」というのは第一に君権を制限し、第二に臣民の権利を保護することだと理解し、そのように言っていた。

明治憲法の実質上の起草に携わった井上毅《こわし》という人の言葉をここでは断片的にだけ紹介しますが、いわく「およそ立憲の政においては、君主は臣民の良心に干渉せず」。今の政治家にも聞かせたい言葉です。権力は人民の思想・良心に干渉してはならないという「立憲主義」という言葉の意味を、よくわかっていました。そして日本でも、天皇主権とはいうけれども事実上、帝国議会が無視できない力を持ってくることになります。

世界的にいってこの時代には、「立憲主義」という言葉は、イギリスやフランスの「民主」は行き過ぎだというニュアンスを持っていた。だからこそ逆に、より民主の徹底を信ずる側は「立憲」という言葉を使わないで、まさに「民主」で攻めていった。ところが「民主」で攻めていった結果、先ほど言ったように「民主」の名においてとんでもない物が出てくる。第二次大戦後、それもやはり「民主」の名において非人間的な支配をやっていたソ連・東欧圏の一党支配が解体し始める一九八〇年代になって、この「立憲主義」という言葉が復権してくるのです。

立憲主義の現在

権力の制限といっても、一〇〇年前と現在では決定的な違いがあります。かつては君主と議会の相互抑制でした。今はどうでしょうか。「民主」を具体化するのは選挙ですから、選挙によって選ばれた権力、それはまず議会でしょう。その議会に対抗して裁判所の力を後押しするという内容を持つのが、今の「立憲主義」です。具体的には、議会のつくった立法をも憲法を基準として無効と判断することのできる違憲審査制度が、一九八〇年代になって広がってくるのです。あるイタリアの学者は、これを「違憲審査制革命」とまで呼びました。

この制度は、「民主」を掲げて議会が権力を広げてゆく段階では出番がありません。反対に、選挙という正統性の裏づけを持たない裁判所の支配に道をひらくものだとして、排斥されます。例外がアメリカ合衆国でした。憲法をつくってから間もない一八〇三年という段階で、連邦最高裁判所が画期となる判決を出し、自分自身の判例の積み重ねによって違憲審査を実施してきました。アメリカの制度は、普通の裁判所が、民事や刑事の裁判をする過程で、それに適用しようとする法律が憲法に合うかどうかを判断し、違憲と考えた場合はその法律を適用しない――刑罰法規なら無罪にする――というやり方です。今の日本の制度も、このパターンのものとして運用されています。それに対して、これからお話しするヨーロッパ諸国では特別の憲法裁判所をつくってそこにやらせる、というのが主流となっています。

独裁からの解放と憲法裁判

さて、違憲審査制がアメリカ以外に広がってくるのは、戦後五〇年を通して、いずれももともとなんらかの形での独裁制が否定された場所でです。敗戦直後の西ドイツ、イタリアが憲法裁判所という制度をつくった。どんな制度にも表と裏があり、推奨する評価と消極的な評価が成り立ちます。この違憲審査制についても、たとえば西ドイツの場合、政党を裁判所が憲法違反として判断できるという制度をつくりました。一九五〇年代の冷戦の高揚期に、一方ではネオ・ナチ政党、それから他方ではドイツ共産党を、憲法裁判所が憲法違反と判断して解散させました。非常に強圧的な手段をとったのです。そこまで行っていいのかどうか評価が分かれるところです。

「民主」で行けば、政党同士を競争させて選挙で多数を取るか取らないかが勝負どころで、裁判所が口を出して「お前は選挙という場面に顔を出してはいけない」と言うのは行き過ぎだということになるはずですけど、あえてそれをやった。それは、第二次世界大戦前のワイマール憲法が「民主」で行って、結局はナチスが投票による第一党になってしまったことから教訓を引き出したのです。

それから七〇年代にスペインとポルトガルが戦前以来の独裁制から議会制に戻りました。やっぱりここでも憲法裁判所ができました。それからいちいち例を挙げませんけれども、ずうっと下って、八九年から九〇年代にかけて旧ソ連・東欧圏が一党独裁から解放されると、軒並みに憲法裁判所をつくります。

アジアに飛びますけれども、韓国でいわゆる「民主化」が始まって、軍人政権から民主化の方に移行してくる。そのプロセスの中で、韓国でも憲法裁判所をつくって実績を上げています。

「民主」だけだと、民主の名における独裁になっていく危険がある。だから、民主よりも立憲主義、それも単なる建前だけではなくて、裁判所による違憲審査を伴うものになります。多数者支配は当然、法律という形であらわれますから、法律を違憲無効にできる制度をつくる。これが今の段階の立憲主義です。ところがこの感覚が、戦後の日本に根付いているとはいえないようです。

繰り返しますけれども、帝国憲法をつくったころは天皇主権を前提としながらも——前提としていたからこそという面もありますが——権力は制限されていなくてはいけない、という「立憲主義」の大事さを政治家たちは認識していました。当時の政党の名前で「立憲」という言葉がよく出てきますが、偶然かどうか戦後はそういう政党名はない。

ところが「国民主権」になってくると、「民主」ですべていいのだ、とにかく選挙で選ばれた国会なのだ、それに裁判所はいちゃもんをつけてはいけない、という感覚の方が強いようです。しかしこの際、「民主主義」と「立憲主義」の関係をきちんと整理して議論のレールに乗せることが大事でしょう。憲法とか法律をやっている専門の狭いサークルでは常識化しているのですけれども、それをもっと政治の場面できちんと位置づけ直して議論を始めることが大切だと思うのです。

裁判と政治の間の緊張関係

一言で言えば「民主主義」から「立憲主義」へということになります。そのためには裁判部門をどういうふうにつくったらいいのか。もちろん難しい問題が出てきます。

三権分立ということが言われますが、三権というよりは政治部門と裁判部門のそれぞれの役割分担ということになるでしょう。つまり、立法と行政は、民主主義国家では政党を媒介としてすでに一体化しているわけでしょう。君主主権の国家だと行政権は君主が握っていて、それに選挙で選ばれる立法府が対抗していましたから、裁判を入れると文字どおり三権でした。現在の国民主権の大前提のもとで民主主義が多かれ少なかれ行き渡っているところでは、立法権と行政権というのは本質的に一体化しています。アメリカのように議会が大統領を選ぶわけでないところでは、またちょっと別な要素がありますけれども、議院内閣制という制度をとっているところでは、むしろ実質的な権力分立は政治部門と裁判部門と考えた方がいい。

その上で、政治部門と裁判部門の間のあるべき関係をどう理解するかというのはそれこそ大問題で、どっちかが一方的に強くなっては困る。裁判の方が独走し過ぎてもいけないわけですから、そのために私たちは、国際学会のレベル、あるいはそれぞれの学問上の業績の発表というレベルも含めて、さんざんいろいろな議論を繰り返してきているのです。政治部門と裁判部門がそれにふさわしい役割を分担する。そのときに簡単に「和をもって貴しとなす」になっては困る。ぶつかり合う中から均衡が見出されていくはずだと考えなければなりません。

アメリカの最高裁判所と政治部門の間であれ、あるいはフランスやドイツの場合には憲法裁判所をつくっていますから憲法裁判所と政治部門との間であれ、一進一退の際どい綱の引っ張り合いの中で、現にそういう試行錯誤を重ねてきています。その際、そういうプロセス自体が世論の監視の中で批判をされつつ、ジグザグに進んできているということでしょう。

イギリスは「国会主権」というイギリス流の表現があって「国会は万能である。男を女にし、女を男にすること以外すべてをすることができる」というのが昔言われたことでした。それは物理的に不可能なこと以外はすべてをなし得るということですが、今はその言いまわしは当てはまらないですね。性転換手術なんてその気になれば簡単にできるようですから。

要するに議会にとって不可能なことはないというのがイギリスの「国会主権」ですけれども、これも実はそう単純ではありません。イギリス憲法の第一原則が国会主権だとして、第二原則に「ルール・オブ・ロー rule of law」というのが挙げられます。この「ロー law」とは何物なのか。国会がつくった法律が偉いのだということになると、第一原則と同じことを言っていることになるんですけど、この第一原則と第二原則は違うことを言っているのです。

第一原則は「国会主権」ですから、さしあたり国会がつくる法律が最高法規です。イギリスには最高法規としての憲法典がないということはよく知られています。しかし、第二原則でいう「ロー」というのは国会のつくった法律のことではなくて、国会も手を触れることのできないルールという意味が込められているのです。

中世にさかのぼる「コモン・ロー common law」の伝統があります。古来のイングランドの慣習を尊重するという建前のもとで、裁判所が王国全土に共通の法を発展させてきた、その意味での法です。これが「ルール・オブ・ロー」の「ロー」なのです。国会制定法と同義ならば、第一原則と第二原則は同語反復です。第一原則だけならば、国会はどんな理不尽なことも定めることができるということになってしまう。普通の国なら憲法というのがあるから、憲法に照らしてそんなことをやってはいけないと言うけど、それがない。しかし、さすがにイギリスは第二原則があって、イギリス古来の侵してはならない規範があるのだと考える。これがイギリス流の「立憲主義」です。

第一原則はイギリス流の民主主義の表現です。国会主権が「民主」だとすれば、第二原則のルール・オブ・ローというのは立憲主義の方を指しているということになります。

しかも、近代法をつくり出し、私たちの社会の法制度のモデルにもなっているのはなんといってもヨーロッパですが、そのヨーロッパに限ってのことですけれども、非常に重要なことは各国の国家レベルを超えてさらに二つの裁判システムがあるのです。

ヨーロッパ規模での二つの裁判システム

一つはEC・EUで、今一五カ国です。これはいずれは一つの国家になるのかならないのか。一つの国家になるとすれば、ちょうどアメリカが二〇〇年以上前に一三のステーツで――そのときまだ一三しかなかった。今五〇ですが――ユナイテッド・ステーツ・オブ・アメリカをつくったように、いずれヨーロッパも一五のステーツでユナイテッド・ステーツ・オブ・ユーロップをつくるのかどうかというのが、今、非常にホットな議論です。

さしあたりお金は共通になるわけでしょう。まだ一五カ国全部が参加を決めてはいませんが、「ユーロ」です。それから国境管理も共通になって、日本から行くときにはどこかの空港でパスポートを見せなくてはいけないけど、域内を行ったり来たりしている限りはフリーパスでいい。国境管理とお金というこれまでの主権国家にとって本質的な要素を、ヨーロッパという単位に譲り渡しているわけです。

EC・EUは直接は経済共同体から始まったわけですから、特に経済の事項についての共通ルールをつくる。そのルールを適用する機関として、ルクセンブルグという小さな国にEC裁判所をつくっています。各国単位の立憲主義ないしルール・オブ・ローに、ルクセンブルグのEC裁判所が運用するルール・オブ・ローがかぶさってくる。

それからさらにもう一つ、ヨーロッパには「ヨーロッパ人権条約」という、EC・EUの話とは別のものがあります。「ヨーロッパ人権条約」に加入しているのは現時点では四〇カ国で、今では旧ソ連・東欧圏の国も入っています。

ヨーロッパ人権裁判所は、ドイツに近いフランスのストラスブールにあります。ここでは各国の国内で自分が違法に公権力から侵害を受けているといって争った当事者――憲法裁判所のあるところでは最後に憲法裁判所まで行って争った当事者――が国内で最終的に負けた場合には、自分の国を相手どって権利主張をすることができるのです。

もちろん、何でも受け付けるということになったらもう膨大な案件になりますから、訴えをふるいに掛けるいろいろなルールがありますけれども、このストラスブールの裁判所が各国の国内で手段を尽くして救済されなかった人権侵害の、最後の訴えを持ち出す場所になっているのです。国家の方が負けてその判定に従わなくてはいけなくなった例はたくさんあります。無数のそういう裁判例がすでに累積されています。

これに対しては議論も出てきます。各国の国民が選挙で選んで公権力をつくっている、それには従わなくてはいけないけれど、どうしてストラスブールの裁判所に従わなくてはいけないのかという議論です。裁判所はいったいだれが選んでいるんだ、我々は納得しないぞ、というような議論も、当然のことながらその背中にはくっついているのですけれども、しかし、全体としてはそれがヨーロッパ社会のコンセンサスになっているのです。

ですから、言ってみればトリプルな構造なのです。各国の国内の憲法訴訟、それから一五カ国のルクセンブルグの裁判所、そして四〇カ国が入っているストラスブールの裁判所というふうにです。裁判というものがいかに公共社会の運営にとって重要な役割を持っているかということです。

ゴルバチョフの「ヨーロッパ共通の家」構想

これは、ヨーロッパを一つの文明の単位にしようというものです。ヨーロッパ人権条約もＥＣも、もともとは冷戦時代に巨大なソ連・東欧圏に対抗して「西」の結束を図り、ＥＣの場合には資本主義、人権条約の場合には自由主義を擁護するという、非常に対抗的な意味を持っていました。

それが八九年以降の東側ブロックの一党支配の解体によって、全ヨーロッパ的な規模に広がった。八〇年代になって、いみじくもゴルバチョフが「ヨーロッパ共通の家」という言葉を掲げて、体制内改革を始めました。共産党書記長という立場から、大統領という立場に変わった。これは大変シンボリックなことです。党が国家を支配するのではなくて、正規の国家機関としての大統領ということですから。

その後、一連の経過で彼は失脚しますけれども、そのゴルバチョフが改革に着手した段階で、西側に向けて「ヨーロッパ共通の家」というコンセプトを強く呼びかけた。現在旧東側は、経済的な困難やチェチェンの問題に生々しくあらわれているような民族問題に悩んでいて、八九年に描かれたようなバラ色の世界にあまりにもほど遠いけれども、しかし、少なくとも建前として西と共通の価値観によってつながれるようになった。対抗的なものとして主張されていたものが、今日では逆にヨーロッパとしての共通の理念を意味するものに転換していました。

ここで話は飛びますけれども、それに比べてアジアがどうなのかというのが、まさに私たち自身にとっての一番の課題です。私たち自身は、まず日本の国の内部のあり方を誇りを持って外にメッセージを発することができるようなものにしているかどうか、それが問われています。その上でさらにアジア共通の社会というものを、どのようにして構想してゆけるのか。

ヨーロッパの場合にはなんといっても仏独和解が、最初に決定的な共通項をつくりました。七〇年の間に三回も一〇〇万人単位で殺し合いをしてきた、大戦争をしてきたフランスとドイツの和解です。それをつくり上げていった政治家個人のイニシアティヴはもちろん偉いにしても、一人ひとりの市民レベルを含めて、フランスとドイツがもう一回そんな戦争をやるなんていうことは、およそ想像もできないことになった。それと同じ関係を、日本は何よりも韓国・北朝鮮と中国との関係でつくり上げてこなくてはいけなかったはずです。

「国際人権規約」と日本

アジアの立憲主義への日本のかかわり方については後で改めて取り上げることにして、ここではアジアへの日本のかかわり方のもう一つ前に、日本自身の事柄に触れておきましょう。ヨーロッパでのように裁判制度までをも伴っているわけではないのですが、日本を含めた世界レベルで「国際人権規約」という条約がつくられています。正式な呼び名は「経済的、社会的及び文化的権利に関する国際規約」、これが一つ。それから「市民的及び政治的権利に関する国際規約」、この二つです。俗に略称としてそれぞれ国際人権「A規約」「B規約」と呼んでいます。

「A規約」の方は、日本の憲法を議論するときの言葉づかいで言えば「社会権」的なものを中心にしています。「B規約」の方は「自由権」的なものを中心にしています。この二つは一九六六年に採択されて、批准《ひじゅん》した諸国の間で一〇年後の七六年に効力を発しています。日本については一九七九年に批准の上、発効しました。

これより先に、一九四八年一二月に国際連合が採択した「世界人権宣言」というのがあります。それ以後の世界中の人権を求める人々の声、要求を励ますものとして大事な役割を果たしてきました。九八年に世界中のいろいろなところで、この人権宣言の五〇周年を記念する様々な行事がありました。大事なものではあるのですけれども、法的な身分からしますと、それ自体としては「宣言」にとどまる、というのがこの「世界人権宣言」だったのですけれども、ここでのべた二つの国際人権規約は正規の国際法上の条約です。

とりわけ自由権を中心に規定しているB規約に「第一選択議定書」というのがあります。B規約を批准した国がさらにその議定書を批准するかしないか、その国によって違うのですが、多くの国が批准しています。この第一選択議定書では「権利を侵害された」と主張する個人からの通告を受理して審理する権能を、規約に基づいて設けられている人権委員会に与えています。

まだ裁判所ではないので、そこがヨーロッパ人権条約にもとづくヨーロッパ人権裁判所とは段階が違いますが、それでも、国内で最終的なところまで争っても主張が認められなかった人、自分の権利が侵害されていると訴える個人が、その問題を人権委員会に持ち出すことができます。

司法権だけを国内に閉じ込めていいのか？

実は日本はこの第一選択議定書にまだ批准していません。日本弁護士連合会とか人権関係のたくさんあるNGOが「早く批准せよ」と主張をしているのですけれども、政府は今のところ慎重姿勢を続けています。

各国政府が出す人権状況についての報告書の中で、一九九三年の日本政府の報告書はこの問題にも触れています。「我が国司法制度との関係や、制度の濫用のおそれも否定し得ないこと等の懸念」に言及し、「関連省庁の間で検討中」としています。日本のお役所の言葉で「検討中」というのは「なかなか進まないよ」ということで、九三年から今日まで進んでおりません。

ここで言われている「濫用のおそれ」は、どんな制度にもあります。この制度にもあります。この選択議定書を批准した国の国民は、みんなそれを持ち出すことができるわけですから。どの国の場合でも運用上対処すべき問題で、日本特有の問題があるわけではない。「日本の恥を外に持ち出されると困る」という心配ならば、これまた参加する国がそれぞれ覚悟しなくてはいけない話です。

それともう一つ、「我が国司法制度との関係」の方では、司法制度のあるべき姿をどういうふうに考えるかによって確かに態度が分かれるでしょう。日本は一〇〇年以上前に、ヨーロッパ・モデルに従って司法制度を導入したはずなのに、ヨーロッパ諸国がしていることを日本はそう簡単にできないというのは、どういう論理がありうるのでしょうか。

国内での法をめぐる争いの決着を最終的につけるのは、確かに伝統的にその国の最上位ランクの裁判所、あるいは国によっては憲法裁判所です。しかし、まさにその判断をも否認してさらに裁判を国境の外でやっていいというのが、ヨーロッパですとストラスブールにあるヨーロッパ人権裁判所です。国際人権規約の場合には、まだそこまでは行っていません。人権委員会というのは、裁判所ではないのですから。

「司法制度との関係」という言い方は、おそらく司法権の独立、それも伝統的な国家主権、非常にかたくとらえた国家主権を前提にして、そこでの司法権の独立を考えているのでしょう。だから話を国境の外に持ち出すというのは、相手が決定権を持っている裁判所でなくいろいろ苦情を審理するだけであったとしても司法権の独立を揺るがす、という非常に伝統的な国家主権、そして司法権の独立という考え方です。そういう考え方が、前提にされているということになります。

この点はどう考えるべきなのだろうか。一方では、もともと「主権」という問題そのものがあります。今日のいわゆるグローバリゼーション、これはさしあたりは法的な意味ではありませんけれども、法的な話にも実質的に深くかかわる経済のグローバル化のもとで、公定歩合の上げ下げも、法的には一国の中央銀行が最終的に判断するとしても、いろいろな外からの注文、市場の反応――市場というのは外ですから、もうすでに国境を無視した話です――によって左右されています。そういう中に置かれているのに、司法権だけが純粋無垢の国家主権によってよろいをまとっていて、そのよろいを前提にした司法権の独立という考え方のままで、それ以外の国家のあり方、法制度のあり方の変化と平仄《ひょうそく》が合うのだろうか、ということも考えなくてはいけない論点です。

司法権の独立と裁判の独立

もう一つ、司法の独立、裁判の独立という項目は非常に大きな主題になるのですけれども、話のつながり上ここで取り上げておきます。

違憲審査制の話は前に触れましたけれども、違憲審査をどの裁判所が担当するかは別として、普通の裁判を日常的にやることが、裁判所のもともとの仕事です。それをとりあえず全部含めた意味で、裁判の独立と呼ばれていることを、ここで扱っておきたいと思います。

言うまでもなく、近代法の共通の大原則として、裁判が独立でなくてはいけないというのは自明のこととされてきています。日本国憲法ももちろん、第七六条三項ではっきりとそのことを規定しています。

普通「司法権の独立」と言ったり、「裁判の独立」と言いますが、この二つは重なり合うけれども、本当は同じものではない。司法権の独立というのは、立法権つまり議会や行政権——かつては君主ですし、今は多くの場合、議会の与党と一体になっています——という他権力から司法「権」が、全体として独立していなくてはいけないということです。

ところが司法権がほかの、たとえば行政権と違うのは、裁判をやるのは、あくまでもその法廷を委ねられたその裁判官――最高裁以外の裁判所ですと普通三人ですけれども、事件の性質によっては単独審理もあります――だという点で、それが裁判の独立なのです。地方裁判所の所長とか高等裁判所の長官とか最高裁判所の長官が「こういう判決をしたらいいのではないか」ということを決して言ってはいけない。あくまでも事件を委ねられたその裁判官が、その法廷にあらわれた事実だけに即して、つまり自分自身が事実を認定し、自分自身が証人の証言の信頼性を見抜いて、そしてあらかじめ決まっている法だけに照らして答えを出すのです。

ですから上司の指揮に従いません。これは、一般に裁判官としばしば一緒にすら見られることのある検察官とまるきり違う点です。検察官には検察一体の原則があります。検察官は上司の指示に基づいて動きます。もっともその上司の指示がおかしいときに、敢然と抗議して自分の正しいと考える捜査方針を貫くということはありますけれども、検察官というのは最終的には上命下服です。

しかし、お役所であってお役所でないというのが裁判所の特徴でしょう。最終的には裁判の独立が大事です。いくら司法権の独立で立法権や行政権の言いなりにならないといっても、その司法権の中で特定の偉い人が「おまえ、こういう裁判をしろ」と、あるいはあからさまにそう言わないまでも、自分の気に入らない裁判をした裁判官を「窓際」で扱うということでは、本来あるべき裁判は成り立ちません。

そういう意味で、裁判の独立、個々の裁判官の独立ということが何よりも大事なのだということを前提にした上でこれからの話をしたいと思います。

松川事件と広津和郎の裁判批判

戦後の日本で、ふだんあまり一般の人々の関心を引かない裁判所の世界が世間の耳目を引いたのは二度あります。

一九四九年に「松川事件」という大事件が起こりました。若い方には説明を要するのでしょうけれども、国内で労働運動の攻勢が非常に強まり、国際的にも一九五〇年に朝鮮戦争が起こって米ソの対立が日本を戦場に巻き込みかねないという緊迫した状況のもとで審理されたのが、この福島県の松川という駅の近くで貨物列車が転覆して乗務員が犠牲になった事件です。

この事件で数多くの労働組合員たちが検挙されました。第一審の福島地裁で死刑を含む重い刑罰の判決が出ました。第二審の仙台高裁もそれを維持しました。それが最高裁で審理されるという流れの中で「実は無実なんじゃないか」という大衆運動が起こります。

大衆運動だけではなくて特に大事な役割を果したのが、作家の広津和郎《かずお》さんです。彼は実に詳細極まる事実の探索に取り組んだ仕事をしました。裁判所に出された膨大な資料を読み込んで、それに即した現地調査をして、最終的に裁判所が下した有罪の事実認定はどうもおかしい、という訴えを当時の「中央公論」誌上に何年にもわたって長期連載しました。

当時の最高裁長官は田中耕太郎という方でした。この方は商法学者で、戦前に『世界法の理論』という代表作があります。そして時局に対する批判的見地を失わなかった自由主義者なのですけれども、この時点で自由主義者田中耕太郎は反共の闘士の面目を遺憾なく発揮します。

最高裁判所長官という現職の立場にあって、歯に衣を着せぬ共産主義批判をしました。「赤色インペリアリズム・国際ギャング」というふうな言葉を使った年頭の辞などもあります。その田中長官が松川事件に対する裁判批判、とりわけ広津和郎の裁判批判をとらえて「こういう雑音に裁判所は惑わされてはならない」という有名な訓辞をしました。

こういうコンテクストで、あるべき裁判のすがたという問題が、数多くの国民に強く意識された時期がありました。

ちなみにこの松川事件は、長期にわたる裁判の末、最高裁判所で差し戻しになり、差し戻しを受けた仙台高等裁判所がようやく「無罪」判決を出し、最高裁にまた上がってきて、最高裁もそれを確認して最終的に無罪になりました。

議論のキーワードは「雑音」でした。広津和郎の裁判批判が非常に純粋な動機で出た、そして非常に真剣に中身を詰めたものであるということは、ほとんどすべての人が承認せざるを得なかったはずです。実際、田中長官は「批判者の熱意と努力とその態度の真剣さ」にかかわりなく、少なくとも係争中の事件についての批判は許されない、雑音はよろしくないと述べています。

「裁判の独立」をゆるがすもの

その後一九七〇年前後になって、もう一度裁判所のあり方が人々の注目を引いたことがあります。こちらの方は、事柄の直接のきっかけは裁判所の人事でした。高等裁判所以下の裁判所の裁判官は、一〇年の任期で再任されることができると憲法の第八〇条に書いてあります。普通は希望すれば再任されるということで、人々は一〇年ごとの任期という問題をほとんど意識すらしていませんでした。裁判官は、戦前の帝国憲法時代は「終身官」の身分を持った上で定年までその職を保障されていましたし、外国でも、選挙によって裁判官を選ぶアメリカの州レベルの話になりますと別ですけれども、そうでない場合には裁判官は終身官、あるいは定年――アメリカの連邦裁判所の裁判官が終身であるということは、前にも触れましたが――までひきつづきその地位にとどまります。高等裁判所、地方裁判所、家庭裁判所の裁判官は、六五歳を定年とするというルールですから、その定年まで裁判官として身分が保障されているというのが普通の理解でした。明治憲法時代もそうだったのだから、当然そうだという理解です。

ところが一九七一年に持ち上がった事件というのは、一〇年目に再任を希望した裁判官が再任されなかったという出来事です。これは明治憲法時代の裁判官と比べても、それから現在の行政官と比べても——普通のお役所の行政職の人々は任期制ではありません。何か制裁を受けるようなことがなければ定年まで身分保障されていて、身分上の不利益処分に対する争いがあれば、人事院というお役所で争うこともできる——非常に異例のやり方になるわけです。

このときの長官は石田和外《かずと》という方でした。石田長官は、裁判官について田中長官とは正反対の考え方を披瀝することになります。田中長官は「外から一切物を言わせないぞ、雑音だ」と言うのですけれども、今度の場合には実は伏線があったのです。

政権党の自由民主党の筋から、とりわけ労働事件の判例で、最高裁自体を含めて一種の自由化の傾向が見えてきたことが問題とされていました。法律家の間ではよく知られているケースですけれども「全逓中郵事件」というのがありました。「全逓」というのですから、郵便局ですが、この場合は東京中央郵便局の公務員のストに関する事件です。それから「全農林事件」です。「全農林」というのは農林省・林野庁の職員ですからこれも国家公務員です。日本でそういう公的セクターの勤労者のストライキ権は、いわゆる先進諸国の中では例外的に厳しく制限されてきていますけれども、この制限を事実上緩める方向の判例が、最高裁を含めて出てきていました。

それに対する政治の側からの反発は、これまた当時のキーワードで言いますと、「偏向判決」批判ということになります。裁判官は偏っているのではないのか、具体的には左に偏っているのではないかという意味です。ほかならぬ最高裁までが高裁、地裁のリベラルな裁判を承認するようになってきました。それはおかしいぞという、このような外部からの批判の圧力の中でのことです。そういう背景のもとで一〇年任期制の運用をめぐって噴出した、裁判所のあるべき姿をめぐる論争の中で、当時の石田長官はある年の憲法記念日の談話で、裁判所が「裁判を受ける人」の注文に対して謙虚でなくてはいけないという趣旨を強調しました。それ自体は当たり前のことなのですが、そこからどういう論理が導かれるかによって裁判の独立にとって深刻な事態を招きます。さらにそこから進んで、「裁判を受ける人」にこういう人には裁判してもらいたくないといわれるような裁判官は、裁判官の地位にとどまるべきではない、ということになるからです。これは「雑音」批判の正反対です。

裁判官の職業倫理について

裁判には和解というのもありますけれども、勝ち負けが出ます。負けた方の当事者の不満は当たり前です。その不満な当事者が「いや、あの裁判官は偏向しているから、こういう判決が出たのではないか。けしからん。ああいう裁判官はやっぱりやめてもらわなくてはいけない」

ということを言い出したら、それはまさに「パンドラの箱」で、裁判官が頭の中で考えることをみんながほじくり出して踏み絵をさせることになるでしょう。

裁判の独立の論理は、もちろんそのような論理と正反対です。裁判官が個人としてどういう思想を持つかというのはその人個人の問題です。たとえば敬虔なカトリックとして離婚は絶対認めるべきでないという信念を持っている裁判官がいる。しかしその裁判官が離婚訴訟を扱ったときに離婚制度を認めている日本の民法を無視して裁判してはいけない、というのは当たり前のことです。彼自身がいかにごりごりのといっていいほどの「神が結び合わせ給うた者を、人は離してはならない」という伝統的なカトリックの信仰の持ち主だとしても、彼はそうでない裁判をするはずだ。日本の現行法に即した裁判をするはずだ、と考えるのです。

人それぞれに自分の考え方や信念を持っている。「私はどうでもいいんです、なんだっていいんだよ」という人が裁判官では、かえって困るでしょう。法服を着ているときと、街の飲み屋で旧友と人生観を論じるときとは同じではないという当たり前のことが前提になっています。その当たり前のことをいわば帳消しにしてしまって、裁判を受ける人はその裁判官が心の中で何を思っているかまで詮索できるのだという論理を、石田長官の談話——談話に限りませんけれども——が示しています。

片や「雑音」といって外からの批判を一切しめ出す。片や「偏向」を名目として裁判官の内心に考えることまでほじくり出すことができる、国民はそういうことまでできる、という二つの極端な考え方です。しかし、近代法の裁判は、そのどちらをもとっていないはずです。

裁判官はそれぞれ個人としてあるいは市民として、自分なりの考え方を持っている。選挙があれば、投票所の囲いの中でだれかに投票しているはずです。選挙に行ってはいけないなどという前提はないはずですし、それぞれ道徳的、政治的な意見を持っています。しかし、ひとたび法服を着て裁判に携わった場合には、現在の日本の現行法と法廷で検証された事実以外のいかなるものにも左右されないということへの信頼を大前提にした上で、批判に対しては開かれているべきであるというのが裁判の独立でしょう。あとは批判されたからといって、おろおろしない職業倫理を、裁判官の方も持たなくてはいけないということでしょう。

司法制度改革にみる「市場原理」と「国民主権」

昨今、「司法制度改革」ということがにわかに議論されてきています。その際にいろいろ細かなことは別にして、司法制度改革を積極的に説いている人々の意見の中で、特に検討しなくてはいけない論点が二つあります。一つは使い勝手のよい司法、使い勝手のよい裁判——民事のことについてです——が大切だという脈絡で、「市場原理」というキーワードが使われています。もう一つは「国民主権」です。「市場原理」と「国民主権」は二つとも、そのこと自体は今日の社会で多くの人が納得する基本的な原則なのですけれども、使われ方によってはおかしなことになる要素をも含んでいます。この二つは片やお金ですし、片や票です。お金の世界と票の世界というのは強い者が勝つ。また強い者が勝たなくてはいけないという世界です。

一定の限られた分野で強い者が勝つ。争って経済効率を高めて、それをやった方が勝ち残る。市場原理が適用されるべき分野に限り、その答えは正しいでしょう。それから国民主権、票をたくさん集めた方が自分がやりたいと思う政策を実施できる。これも、それにふさわしい分野でそれを当てはめることはまさに正しい。

しかし、この二つを司法にまで持ち込むと話は別になるでしょう。司法というのは本来、市場原理と国民主権が支配する世の中で強くなれなかった方が、最後に自分の言い分を持ち出すところとしての意味を持っているのです。だからこそ裁判の独立には、市場原理がいきなり入ってくるのを防ぐためのもの、という要素が入っているはずです。国民主権だからといって、「国民がこう思うからあいつは死刑にしろ」というようなことはやってはいけないはずです。

もちろん市場原理、国民主権ということを司法改革のキーワードとして説いている人たちも、そんなことを目標として公然と主張しているわけではないでしょう。またできるはずもありません。しかし、うっかりしていると、司法本来の仕事ができなくなる方向に流れを引っ張っていく危険性もあるコンセプトなのだということは、心しておいた方がいいと思うのです。

V　世界の人権思想とアジア

ヨーロッパ合衆国構想をめぐって

Ⅳの章で、ヨーロッパではかつての「民主」に対して「立憲主義」が復権してきた、という話をしました。権力を抑えて人権保障の確保の手段を講ずるというその原則が、国内そしてヨーロッパ規模の二段階、合わせて三段階にわたって組み立てられています。

そのヨーロッパ規模での進行をさらに実質的に推進していこうと、進め方の深度や方向性についてのそれぞれの国内での意見の食い違いをも含めながら、盛んに議論されています。

つい先日（二〇〇〇年六月）もドイツの外務大臣で環境派から出ているフィッシャーという人が、個人の意見としてですがヨーロッパ合衆国構想を発表しました。しかも、その大統領をヨーロッパ国民の直接普通選挙でいきなり選んでしまおうという、非常に大胆な構想でした。

それに対してフランスの内務大臣（当時）のシュヴェヌマンという人が、各国ごとの国民主権をそう簡単に上に持ち上げて譲ってしまってはいけないと主張する立場から、強い反発を示しました。「ドイツはまだかつての神聖ローマ帝国の夢を見ているのか」と。

この両当事者の論戦がドイツとフランスとのそれぞれの代表紙（「ディー・ツァイト」と「ル・モンド」）で同時に公表されました。責任ある二人の政治家同士の論戦が、「ル・モンド」でいえば広告なしの三ページ全部を使った記事で展開されています。

こういうプロセスを含みながら、人権という理念を共通にしたヨーロッパは統一の方向へ進んでいます。決して経済統合というお金の話だけではない。ユーロで通貨を統一して経済のためにきちんとした条件を整えるというだけの話ではなくて、まさに人権と経済が表裏一体になっているのです。

アジアには人権憲章がまだない

その点でアジアの状況はどうなのか、という問題になります。

その前に、普通の日本国民が聞いたら驚くべきことでしょうけれども、実は、アフリカにはアフリカ人権憲章、俗に「バンジュール憲章」というのがあります。一九八一年にアフリカ諸国の首脳会議で採択された「人及び人民の権利に関するアフリカ憲章」で八六年一〇月に発効しています。これはアフリカ文化の価値を掲げ、アフリカの一体性の促進のための個人の義務をも含めていまして、個人の尊厳を核心とする近代憲法の人権とは必ずしも一致しません。それでも「人権」という旗を掲げているのは、そのこと自体が重要なことです。それから南北アメリカをカバーする「米州人権条約」(一九六九年作成、一九七八年発効)というのがあります。

言うまでもなくアフリカは、人権以前の人間の殺し合いが惨憺たる状況の中で繰り返し繰り返し行われているところです。南米は南米で、かつてのチリやブラジルの独裁政権は倒れましたけれども、ペルーのように選挙による政権ができているところでも、依然としてそのありさまは残念ながら民主主義からはほど遠い。

しかしそういうところでも、少なくとも理念としては、その地域共通の目標として人権というものを掲げざるを得ない。ありていに言えば、独裁者も「人権なんていうのはない方がいい」とはもう言えない。現実には拷問をしたり政治犯を理由なく監獄に入れたりしているかもしれないけれども、拷問はしてはいけないということを言わざるを得ない。

加藤周一さんがいみじくも「政治家に望み得る最大の美徳は偽善である」という名句を吐いています。やっていることと違うにしても、正しいことを言わなくてはいけないということは、多かれ少なかれ、それを言った人の居直りができない状況をつくっていくはずです。

もちろんヨーロッパの人権条約が裁判所までつくり、国家の行為をも場合によっては違法と判断するというしっかりした制度化を伴っているのとはまるきり違った話ですが、少なくともそういう憲章がある。それが全くないのが日本の属するアジアという世界なのです。

植民地主義と人権

アジアに限らずいわゆる第三世界には、当然自分たちの言い分があります。ずうっと今までとりあげてきた「立憲主義」、その中でも中心的な意味を持つ「人権」についていえば、西側の人々あるいは北側の人々はそう言うけれども「言っていることとやってきたことが違うではないか」という、まずもってこういう言い分です。

確かにそうです。というのは立憲主義を一番きれいに定式化している「一七八九年人権宣言」の一六条、権利保障と権力分立がなければ憲法があるとは言えないというその権利保障と権力分立からしてそうでした。

植民地支配というのは、定義上それらと矛盾するからです。支配下に置いている人々の権利をそもそも認めない。権力を分立して、議会をつくって、選挙で選んだ人々によって法律をつくり、独立した裁判官がその法律の運用に当たるという権力分立もない。

だからこそ、長期間にわたる犠牲を払いながら独立運動が繰り広げられてきたわけですし、たとえば「一七八九年宣言」の母国であるフランスで言えば、アルジェリア戦争です。凄惨《せいさん》な戦争でした。それからヴェトナム戦争というのは、あそこもフランスの植民地だったわけですから、もともとフランスから独立を目指す戦争でした。フランスが手を引いて、その後に入ってきたのがアメリカ合衆国で、これまた「一七七六年独立宣言」の母国のアメリカです。

立憲主義憲法の発展史の中でいわば金字塔と言ってもいい「一七八九年宣言」とか「一七七六年宣言」を掲げたほかならぬ――ほかの国々もですけれども――その二つの国がアルジェリア戦争、ヴェトナム戦争という一番残酷な植民地戦争の抑圧者として立ちあらわれた、という歴史的な事実があるのです。

この点で一つ注意しておかなくてはいけないのは、歴史をきちんと踏まえない断片的な知識から、こういう主張をする若い人が出てきています。日本が戦った第二次大戦はアジアの植民地解放の戦争だったのだとする主張です。確かにインド、ビルマはイギリスの植民地でしたし、インドネシアはオランダの植民地、インドシナ半島はフランスの植民地、フィリピンはアメリカの植民地でした。

当時の言葉に「ABCD包囲網」というのがありました。A＝アメリカ、B＝ブリテン（イギリス）、C＝中国、D＝ダッチ（オランダ）が日本を包囲している、というのです。ともかく国内で立憲主義とか人権をやってきた西洋諸国が、言っていることとやっていることが違う植民地支配をしていた。そういう植民地を日本が攻めていって解放したのだ。だから日本はこの前の戦争について、そんなに恐縮する必要はない、むしろもっと胸を張れ、という議論があります。

時間の流れからいいますと「パール・ハーバー」奇襲と英戦艦プリンス・オブ・ウェールズ撃沈から何がしかの期間、日本は東南アジアから欧米の勢力をいったん一掃しました。現地の人の中で、日本軍を解放軍という心理で迎えた善意の人たちも確かにいました。しかし、結局はそういう人々の期待を裏切ったのが日本でした。実際、日本が本当に反植民地主義の立場に立って、東南アジアに攻め込んでいったのであるとするならば、ほかならぬ一番身近な日本の植民地、朝鮮半島をどうして解放しなかったのか。

そして、外国の領土に満州国という日本のいわゆる傀儡《かいらい》国家をつくった。長年にわたる中国大陸への軍事侵略は中国の抵抗に遭って、日本にとっては泥沼化するわけですけれども、そういう国々を解放することから始めていなければならなかった日本が、それこそ言っていることと、やっていることが違っていたのです。

遅れてきた日本の植民地主義

尾崎行雄という「憲政の神様」と呼ばれた、戦前、戦後にわたって活躍した政治家がいます。この政治家がある文章で日本自身を批判して、「鈍盗」という言葉をあえて使っています。なぜ鈍盗なのか。確かにイギリス、フランスは、もっとさかのぼればスペイン、ポルトガルもですけれども、素早く世界中に自分たちの旗を立てて自分たちの領地にしてしまった。しかし、後から気がついて、同じ泥棒行為をやろうとして瀕死の大けがをしたのが日本だ、という意味で鈍盗なのです。

日本は「大東亜戦争」という名前からして、東亜解放という大義名分を掲げましたけれども、何よりも朝鮮、中国——台湾も含めてです——に対する態度そのものが、東亜解放という美名をあからさまに裏切っていました。一〇〇年ないし二〇〇年おくれて、西洋の帝国主義、植民地主義と同じことをやろうとし、大災厄をもたらしたというふうに、当然のことですけれどもきちんと歴史をとらえ直しておく必要を感じます。

話をもとに戻しますが、そういう第三世界の言い分、非常に重い「言っていること」と、やっていることが違うのではないか」という批判は、言っていること自体の含む価値、理念についてては、あえてそれを共有するという意味を含んでいます。

フランスの植民地だったインドシナ半島を日本が占領した。「仏印進駐」という言い方でした。日本の敗戦で、一九四五年にヴェトナム民主共和国が独立宣言をします。その独立宣言に、ほかならぬ一七七六年「アメリカ独立宣言」と一七八九年フランス革命の「人権宣言」が引用されています。これは非常に示唆的です。とりわけ、ほかならぬこの二つの国を相手どって、ヴェトナムは凄惨な独立戦争をそれからあと何十年も戦わなくてはいけない立場になるだけにです。しかし、ある意味ではかえって、アメリカ独立宣言やフランス革命の人権宣言の持つ普遍的な意味を、期せずして裏書きしているのだろうと思うのです。

第三世界の立場から——第三世界の立場というのは第三世界に属する人という意味だけではありません。先進国の中でそのような立場をとる人たちを含めてですけれども——もう一つ大事な論点が出されています。それは「文化多元主義」です。個人の尊厳、思想・良心の自由、言論の自由、政府批判の自由という考え、これはしかし、つまるところ一つの文化でしょう。それが一つの文化なら、そうでない文化だってあっていいはずだ。たとえば、「男女が平等でない文化をあなた方は抹殺しようとするのか」、そういう文化多元主義からの批判です。

文化多元主義の中の「人権」の扱い

一番わかりやすい例を言えば、男女平等の問題と、信教の自由でしょう。男女平等は、いわゆる西側・北側諸国の近代立憲主義では共通の原則と言っていいでしょう。実際にどういうデコボコがあるのかは、前に触れましたけれども、少なくとも原則としては共通の原則です。

信教の自由について言えば、イギリスのように、アングリカン・チャーチが国教とされているけれども、それ以外の宗教にも十二分に信仰の自由を認める、というやり方もありますが、政教分離という一つのはっきりとした制度化を伴っている例を挙げるとわかりやすいのです。

それに対して「政教一致、宗教そのものが政治と一体化しているのだ、それで世の中が成り立っている。どうしてこれではいけないのだ。男女平等や政教分離が一つの文化なら、そうでないのも文化ではないか」という問いにはどう答えるか。その答え方は、なかなか大事な問題です。

文化多元主義と言いましても、これが芸術の領域とか文学の領域なら、留保なしにそれを認めていいと私は思うのです。たとえば、ベートーヴェンの大交響曲をカラヤンが指揮するものと、南太平洋の島で太鼓を打って何かを演じているのとの間に、価値の優劣はないだろう。それは文化の型の問題であって、優劣の話ではないでしょう。好き嫌いはそれぞれにあればいいわけですから。一般論としては、そういう例が当てはまるでしょう。美術の領域にしても同じです。

しかし、ここで私たちが議論している人権の領域についてはどうなのだろうか。カニバリズム（人食い）という習慣があります。「文化」という言葉を、それぞれの社会がそれぞれの価値観でもって維持してきた人々の生活態度というふうに定義すれば、これも確かに一つの文化でしょう。しかし、「それも一つの文化だから大事に保存すべきだ。そんなところに人権などという考え方を持ち込むべきじゃない」とは、おそらく多くの人は言わないでしょう。「多くの人」とあえていうのは、たとえば人間の今までの暮らしのありさまというものをトータルに知りたいという学問があるとして、その学問に全価値を捧げている研究者が、仮に今、この地球上に人食いという習慣が保存されているところがあるとしたら、それをなるべく保存させたいと思うかもしれない。保護して観察し、自分の理論の中に組み入れたいと思うかもしれない。それはまた別の問題を提起しますが、研究者のエゴイズムと社会的責任という別の大問題になりますから、それはここではちょっと棚上げしておくとして、圧倒的に多くの人は、人食いという文化を文化多元主義という名において残せとは言わないでしょう。

この例はあまりにも極端だとすれば、「拷問」という主題はどうでしょうか。どんな理由があっても拷問をしてはならないというのは、今日の段階の近代法が到達した考え方です。日本国憲法第三六条が「絶対にこれを禁ずる」と書いてあるのは、言葉のあやではない。しかしこれは、本当はなかなか難しいことなのです。今、この人間を拷問にかけて本音を言わせれば五時間後に計画されている、あるビルを破壊して大量の犠牲者を出すかもしれないテロ行為をとめることができるかもしれぬという場合でも、それをしてはならないというのが近代法なのです。極端な例ですが、とにかくそこまで到達してきたのです。

実際には拷問に近いことが行われることがあるとしても、それはよくないことだ。何人かのあるいは何十人かの、場合によっては何百人かの巻き添えの犠牲者を救うためにならばこの容疑者を拷問してもいい、とは少なくとも公には言ってはならない。これは近代法のコンセンサスになっているのです。

それに対して「いや、場合によっては非常に多くの人々の生命を救うためには拷問は許されるし、すべきだ」というもう一つの文化があったとして、これを両方とも、先ほどのベートーヴェンの音楽と南太平洋の島の太鼓と同じように好みの問題として並べただけでいいのか——いや、それはよくないというのが人権の考え方なのです。

今あえて極端な例を挙げましたけれども、実際にはもっと判断に迷うような、中間的なケースがいろいろ提起されてきます。そういう場面では、最後の最後は文化多元主義といっても、ひとりの個人としての彼あるいは彼女の「私はこっちを選びたい。生まれ育った文化だとこうしなくてはいけないのだけれども、私はそうではなくて、思想の自由の方を選びたい」、あるいは「男女平等の方を選びたい」という個人の選択を認めるかどうか。男女が平等に扱われないという文化も何千年も続いているわけですから、それなりの合理性はあるだろう。そういう文化を存続させたいという人が存続させようとするのを、性急にローラーにかけて押しつぶすところまではいかないとしても、そういう文化の中で育った人が、そこから逃げ出したい、それを拒否したいという自由を迫害する、これを許してはならないということ、これがおそらく文化多元主義と人権の普遍性とのぎりぎりの接点だろうと思うのです。

「ヨーロッパ・アジアの人権のためのインフォーマル・セミナー」のこと

二〇〇〇年六月、二日間パリで行われたあるセミナーの話をします。これは「ヨーロッパ・アジアの人権のためのインフォーマル（非公式）セミナー」と称するものです。どういう文脈で出発したのかというと、一九九六年三月にタイのバンコックで初めてEU一五カ国の首脳とASEANプラス中国、韓国、日本の一〇カ国の首脳が会合しました。「ヨーロッパ・アジア・サミット」(アジア欧州首脳会議)と称されています。これは、アジアが圧倒的にアメリカの影響下に囲い込まれているのに対して、EUもアジアに積極的にアプローチしようという、主として経済上のかかわりを主眼として開かれた会議です。

ところでこの会議では、アジア経済危機が爆発する直前ですから、アジアの経済力がピークに達していたときです。世界の経済の中心はアジア太平洋に移るということを経済評論家たちが本気でか無責任でか、盛んに言っていた時期です。

そうであるだけに、集まったアジアの首脳からは、ヨーロッパの首脳たちが人権問題を一つの主題に持ち出すことに強い反発が出ました。アジアの非人権状況、たとえばスーチーさんの勢力が選挙で勝ってもなお軍事政権が居座っていて、会議に参加することもできなかったビルマは別格としても、いろいろな非人権状況というのがあります。インドネシアでは、やがてスハルト政権が倒れますし、今日、経済の破綻と裏腹に民主化が進んできていますけれども、当時は経済は隆々、しかし民主化の内実はいろいろ問題をはらんでいるという状況のピークでした。

それに対するヨーロッパの指摘に対して、アジアが経済の実績を背景にして強烈に反発しました。そのときのあるアジアの新聞の論調が非常に特徴的でした。特にNGOによる批判を強く意識して「欧州の国々の特定のグループは、自分たちの狭量な関心事のために各国の国益、さらには全体としての成功さえ犠牲にしようとしているようだ」、人権という「狭量な関心事」にこだわると「欧州はアジアにおける自身の利益を損ねるだろう」というのです(シンガポールの「ビジネス・タイムズ」一九九六年二月六日付——「朝日新聞」二月一〇日付による)。つまり、経済上の利益をヨーロッパの諸国が失いたくなかったならば、そんな内政干渉がましいことはやめろ、アジアにはアジアの生き方があるんだ、という反発です。

そういう背景のもとで、ヨーロッパ側でスウェーデンとフランスがイニシアティヴをとって、インフォーマル・セミナーを提唱しました。インフォーマルな、したがって会議そのものを公開したりしないで、人権について自由に考えていることをぶつけ合う機会をつくろうではないかということになって、第一回を九七年にスウェーデンで始め、第二回を九九年に北京でやりました。そして第三回が二〇〇〇年のパリです。

ヨーロッパの人権思想とアジアの現実

その会には、ヨーロッパ一五カ国プラスアジア一〇カ国、計二五カ国の政府関係から一人、それからいかにもヨーロッパが提案する会らしいのですけれども、NGOから一人ずつ、そして有識者——大体学者を念頭に置いてですけれども——が一人ずつ出席する原則です。政府からというのは国から選び出されてくるのですが、それ以外は主催国が呼ぶのです。国ごとに出させるのではないのが、「インフォーマル」らしいところです。

ちょうど今回は、フランスの外務省がお世話役をしたということで、私に出てくれないかということでした。急な話だったのですが、事柄の性質上、憲法をやっている人間にとっては重要なことですし、ましてヨーロッパとアジアの対話に日本の研究者が加わっていないのはおかしいことになると思いまして、ちょっと無理をしてとんぼ返りで行ってきました。

しかも今年のこのセミナーの主題は、三つとももろに、ヨーロッパを本籍地とする人権のオーソドックスな考え方と、アジア的つまりエイシャン・ウェイ・オブ・ライフ（アジア的生き方）がそう簡単には妥協できない点ばかりでした。

第一、表現の自由とその限界。ご承知のように表現の自由は、多かれ少なかれ憲法が保障する権利体系の中でも上位に置かれています。それを特に上位に置くのはアメリカ流のコンセプトで、ヨーロッパの場合にはそれと必ずしも同じではありませんが、とにかく表現の自由を重視する。それに対して、個人の自由はともかく、共同体全体の利益というものがあり、それが重要なのだというのがアジア的考え方です。少なくとも今までそう主張されてきました。

第二は人権・人道のための介入と国家主権。これまたもろにぶつかり合う論点です。実際にそれがよかったのかどうかは、その後ヨーロッパの世論の中でも見解が分かれていますけれども、コソボ問題についての――アメリカを主力として――NATO軍の強烈な軍事介入がありました。人権・人道の回復のためにということだったのですが、ユーゴスラビアの国家主権、国民国家ごとに物事を決める単位があるのだという、これまた近代国際法の基本原則との対決という論点です。先進国に植民地化され、今も経済的に従属を強いられているアジアは国家主権重視ですから、内政干渉するなという声が基本です。その典型は中国です。

第三は、環境への権利があるかどうか。環境をめちゃくちゃにしてはいけないということは共通にしながらも、開発途上国の側から言いますと、今まで先進国が、まず自国そしてほかならぬ開発途上国の資源までをもさんざんしゃぶりつくしておいて、それで「これ以上おまえさんのところは開発するな。環境を大事にしろ」というエゴイズムは許されない、という主張になります。環境への権利と並ぶほど、開発への権利を主張しようとする。それに対して先進国の側は「これ以上かけがえのない地球を壊すな」と言う。それぞれの立場に立てばもっともな主張のぶつかり合う主題です。

繰り返しますけれども、インフォーマルであるだけに当然、こういう主題について正反対の意見が提出された。しかも普通の国際会議でしたら政府代表ですから、あらかじめ自分の国を出てくるときに用意してきた意見を発表するだけですけれども、今度はＮＧＯもいて、ＮＧＯは自分の国の政府ともしばしば対立する考え方を出しますし、ある程度その国で言論の自由がある国の場合には、大学関係者は政府としばしば対立する意見も言います。その程度は国によってさまざまですが。

私としては、フランスとスウェーデンが言い出しっぺで始めたこの会合は、非常にいい試みだという印象を持って帰りました。「インフォーマルな」ということが強調されている会合ですから、私は詳しいことを日本でも紙に書く形では紹介できませんけれども、中国からは開会あいさつに前主催者として外務次官がやってきて、オープニングのあいさつをしていきました。皆さんも知っているように、公の外交の場では人権・人道介入の問題については極めつきの紋切り型の反発しかしない中国が、インフォーマル・セミナーの主催までして、次の会合に出てきてつなぎのあいさつまでする。これはやはり今までなかったことなのではないでしょうか。

本来なら日本の役割ではないか?

それにつけても、本来はそのような役割は日本がする、あるいは東京で主催をするということでなくてはいけないのではないか。後で本論としてどうしても出てくる主題になると思いますが、アジアの中で他国に先駆けて——ここでまた四つの「八九年」ですが、イギリスの一六八九年、フランスの一七八九年、そして大日本帝国憲法の一八八九年です——西欧の後追いをしつつ後発の近代国家として、ヨーロッパ文化圏の外側で初めて憲法という一つの社会運営の骨格をとにもかくにも導入したのが日本です。

そして、大正デモクラシーの成果とそれにもかかわらず、一九三〇年代から四〇年代にかけての内外での立憲主義からの大きな逸脱という正と負の体験をしながら、かつアジアにそのために莫大な人的、物的な被害を強要しながらも、戦後、日本国憲法のいう「人類普遍の原理」——憲法前文に書いてあります——にコミットして、ともかく五〇年間以上、アジアで少なくとも日本は平和を攪乱することはやってこなかった。その日本がやるべきことは、まさにそういう場面でだったはずなのです。二一世紀に向けて、そういうイニシアティヴをとることこそが、求められている国際貢献の目に見える一つの仕事だという実感を持ちました。

そしてそのためにも、自分自身の国の中での人権状況をもっときちんとしていくことが必要です。それも、日本国籍を持っている者だけにでなくて、いろいろな理由で日本にいる在留外国人の人たちの法律上及び社会の中での実質的な地位を、どういうふうにしてきちんとしたものにしていくのか。残念ながら今は治安の責任を負う選挙で選ばれた公職にある人たちが「怪しいのは外国人だ。外国人は何か悪いことをする、潜在的な不安定要素だ」と言わんばかりのことを公然と述べる現状です。この反対の状況をつくっていくことが大切です。

それがまず内側の問題です。そして外に対してはヨーロッパでフランスとドイツの和解から始まったような一連の辛抱強いプロセスを展開していくことによって、人権についての議論のアジア型共通項をつくり出すためのお世話役をやることができる立場をとっていくというのが、日本としてやるべき、目に見える形での国際貢献の最たるものの一つのはずです。

ヨーロッパと同じようなレベルのものを最初から考えるのはそもそも無理です。ヨーロッパにはキリスト教という宗教の共通性——逆に、共通のキリスト教という文化がカトリックとプロテスタントとの惨憺《さんたん》たる宗教戦争を引き起こし、長い間ヨーロッパを荒廃させる原因でもあったということもあり、両面がありますけれども——とギリシャ・ローマ文化という文化の起源からの系譜の共通性が、アジアの場合とは違います。

アジアで日本ができること

岡倉天心は「アジアは一つ」という言葉を残しました。その意図は別として、客観的に言うと、ヨーロッパは確かに一つだけれども、アジアは非常に複数から成るモザイクでしょう。宗教から言っても、言語の系統から言ってもそうでしょう。ですからいろいろな困難はありますが、アジアの将来に、単に経済のお金もうけ活動の中心地を超えたイメージをつくっていくのに、日本がなすべきことは大きいはずです。

そういう点から日本自体に目を向けますと、私たちの日本国憲法が持っている、あるいは持つことのできるはずの意味というものに、おのずと考えが戻ってくるでしょう。日本国憲法は日本社会にとって、初めて「臣民の権利」ではなくて「人権」、天皇が天照大神以来の権威に基づいて統治する「天皇主権」ではなくて「国民主権」というものを、高々と掲げた。

大日本帝国憲法の大きな枠組みに縛られながらも、その枠を少しでも内側から広げていこうという先人たちの、場合によってはその地位や命までもかけた貴重な営みがあった。そういうものが背景にあってこそ、敗戦をきっかけにしての外力が日本国憲法をもたらすことができたのです。その外力は、日本国憲法にとって、要するに産婆さんでした。産婆さんという言葉を、今の若い人は知らない。でも、フランス語でsage femme＝賢い女＝産婆さんという言葉の由来は、示唆を含んでいやしませんか。産婆さんは自分が子供を産むのではない。受胎していた胎児が長い間育ってきていたからこそ、日の目を見させてあげることができるのです。

実は、同じことは明治の日本の近代化にもいえたのです。明治の日本の近代化も、外圧なしにはあり得ませんでした。「泰平の眠りをさます上喜撰、たった四はいで夜もねむれず」という「上喜撰」は上等のお茶ですね。「四はい」というのは四隻。かけ言葉の狂歌ですけれども、四隻の黒船が来て、それで夜も寝られず大騒動。それが詰まるところは「開国」、鎖国の日本の扉が文字どおり「外圧」でこじあけられた。そういう意味では押しつけられた開国、押しつけられた近代化であったことは間違いない。

しかし、俗に「江戸三百年」といわれている時代の中に培われた日本人の知的好奇心、それから物を識別する力というものがあったからこそ、あの短い期間にともかくも日本近代化の基礎を築いた。短い期間にあまり急いでやったものだから、これは夏目漱石が「牛と競争をする蛙と同じ事で、もう君、腹が裂けるよ」という有名な文章を書いていますし、そして、それがやがて後になってひずみとなって爆発することにもなるのですけれども、しかし、ともかくもそういう体験をした。これもやっぱり、江戸封建時代という母体に、産婆さんがやってくれば「おぎゃあ」という声を出すもとがあったからだったはずですね。

だから同じことが日本国憲法についてもより強くいえるでしょう。明治の自由民権の運動や思想、大正デモクラシーの思想や運動、これらは、ポジの面と同時にいろいろなネガの面も含んでいました。運動としての弱さ、あるいは内部抗争で分裂してしまうという弱点も含めてですけれども、それはそれとして重要な蓄積というものがあったのだということです。

Ⅵ　日本国憲法起草をめぐる真実

日本国憲法は「九日間でできた」のか?

「お堀端のマッカーサー司令部で、密室の九日間に起草されたのが日本国憲法だ」という言い方がされますが、それは九日間だけでできたわけではない。日本自身に長い、受容と挫折の繰り返しを含めた歴史があったということです。だからこそ「ポツダム宣言」ですら、日本国民の間における自由主義的、民主主義的傾向の「復活・強化」に対するあらゆる障害を除去すべし、という言い回しを使っています。知日派の連合国の幹部には、かつての大正デモクラシーや、たとえば「幣原《しではら》外交」(幣原喜重郎外相)とか「高橋財政」(高橋是清《これきよ》蔵相)とか政治家の固有名詞とともにシンボライズされるような、対外協調政策の歴史の記憶があるはずでした。ともかくも選挙によって選ばれた衆議院を基礎として、そういう政策が展開されてきた、という時期の記憶があるはずでした。だからこそ「復活・強化」に対する障害を除去すべし、だったのです。

本当に「障害を除去」するためには、根本のところの天皇主権を国民主権にまで変えなくてはいけなかった。しかし、そういう認識を当時の日本の指導部は持つことができなかった。だから、準備した改憲案は天皇が統治権を総攬《そうらん》するという旧憲法の原則には手を触れない手直しの案にすぎないものになるのですが、いずれにしましても、受け入れる側にそれなりのジグザグに屈折した歴史の積み重ねがあったのです。

それから、外圧をかける側も九日間で思いついたわけではない。しばしば誤解されていますが、連合国総司令部の民政局の人たちは、確かに軍籍を持ち軍服を着ていたけれども、日本で考えるような占領に乗り込んできた軍人さんたちではない。それぞれ弁護士であったり学校での法律学の教歴を持っていたりする、そういう人たちです。

憲法草案作成に参加した人々

その中でもベアーテ・シロタさんのような、なんと公募で選ばれた若い女性が憲法第二四条の男女平等条項を入れるのに大いに貢献しました。この方はユダヤ系の高名なピアニストを父としてヨーロッパで生まれ、日本でも少女時代を過ごしたということで、日本語を含め驚くほど多数の生きた言語を使うことができた。驚くなかれ、公募でやってきた少女です。少女という言葉をあえて使いましたが、二二歳の女性です。彼女は今の第二四条になる条文のほかに、女性の地位を実質的に高めるための詳細な条文を用意しました。戦前の日本女性の置かれていた境遇を直接に見聞していたからです。結局は一カ条だけが採用されたのですが。

専門法学者、弁護士、そして公募で選ばれた市民、そういう人たちが民政局の俗に言う「マッカーサー草案」の起案に参加しました。彼らの背後には、九日間どころか少なくとも四つの

「八九年」にさかのぼる、つまり少なくとも一七世紀イギリス革命にまでさかのぼる膨大な憲法史、憲法思想史の蓄積があったのです。

もっと近い歴史を言えば、民政局の主流はいわゆるニューディーラーたちです。一九二九年に始まった世界大恐慌、ドイツの場合にはそれが経済を直撃して、せっかく敗戦から立ち上がりかかったドイツ経済を混乱に陥れ、その混乱の中からヒトラーのポピュリズムが有権者の圧倒的な支持を得ることになってしまいました。アメリカの場合にはルーズヴェルト大統領が、いわゆる「ニューディール政策」を打ち出して、それまでの古典的な経済政策を改めて、有効需要を税金を投入してつくり出すという、社会民主主義的な新しいポリシーを打ち出しました。

彼らは、そのニューディール政策のいわば推進者たちです。ニューディールそのものが本当にアメリカ経済の復興にどれだけ効果があったのかについては、専門家の間で議論があるようです。アメリカ経済が本当に立ち直ったのは、ヨーロッパで第二次世界大戦が始まってからだという議論もあります。私にはその点は、判断しかねますけれども。

しかし、ニューディール政策が、不況のどん底にたたき込まれたアメリカの一般市民にやる気を与えた。連邦政府のこの思い切った方針転換で、私たちもなんとかやれるのではないかと、人々を鼓舞するその効果です。こういう気持ちを起こさせた政治的な発進効果というのは非常に大きかったと思います。私たち貧しい人間でもなんとかやっていける、という世の中のイメージをルーズヴェルトは示してくれた。

そのニューディーラーたちが主流ですから、伝統的な自由主義プラス一定の社会民主主義的な価値理念というものが、その流れの線で伝わってくる。決して九日間に思いつきでつくられたものではないのです。

それから「密室の……」という点も、それは確かに極秘のうちに準備されたという意味では密室です。しかしここで注意したいのは、なぜ一九四六年二月の段階でそういうことになったのかということです。一九四五年八月一五日の敗戦以来、そもそも日本政府は、大日本帝国憲法を変える必要はないと考えていた。マッカーサーが近衛文麿公爵に会って憲法改正を示唆しますが、しかし、その線は、近衛公自身の自決によって幕が引かれます。そのあと政府が憲法問題調査委員会を発足させた後も、いちいち総司令部に伺いを立ててはいない。中間的に帝国議会で、委員長だった松本烝治《じょうじ》国務相（商法学者）が「大日本帝国憲法の基本原理には変更を加えざることをもって原則としている」ということを言っています。それでもまだマッカーサー司令部は動いていません。四五年の一一月、一二月の段階です。

四六年二月一日の毎日新聞が、委員会の中の一案をスクープします。実は、それで初めてマッカーサー司令部は、委員会がどういうことを考えているかを確かに知るのです。占領軍だからといって、会議のたびごとに担当者を呼びつけて「どこまで議論していたのか」と質問していたわけではありません。

憲法作成を急いだ理由

そこでマッカーサー司令官は、直ちに迅速な対応をとります。やがて東京にある連合国総司令部の上に、対日本戦争に参加した――いちばん最後に参加したソ連を含めて――すべての国を網羅する「極東委員会」というものがワシントンにつくられることになって、これが日本占領の最高決定機関になることがわかっていたからです。

マッカーサーとしては、それができる前にアメリカの世界政策に沿った日本の戦後管理の基本線を引いておく必要があった。要するに邪魔が入る前にです。アメリカの基本政策は何か。時期とともに揺れ動くのですけれども、その時点ではなんといってもいちばん重要なのは、皇室制度を擁護することでした。日本を共和制にはしない。それから、やがて開かれる極東軍事裁判の被告にしようという主張から、天皇を防衛することです。さらに極東軍事裁判で、当然、天皇が事実にかかわる最大の証人になるはずですが、証人としての喚問も、いかなる理由があっても回避する。揺れ動いた結果、これがアメリカのポリシーになります。

米ソの対立が、日を追ってヨーロッパでもアジアでも人々に意識されるようになっていた時期です。アメリカにとって、日本を事実上単独占領し、その占領を平穏にしとげること、極東の安定的要素にすることが必要でした。「天皇は二〇個師団に相当する」という言葉も伝えられています。軍事力だけで占領の成果を上げようとしたらそれだけ大変だろう、という認識を示す言葉です。ここで面白いのは、ローマ法王の影響力の大きさが話題になったとき、スターリンが「ローマ法王はどれだけ軍隊を持っているのかね」と言ったという話——本当かどうかはわかりませんが——との対照です。それに比べて、アメリカの対日政策は、非軍事的な力の持つ影響力を認識していたことになります。

そのためには、邪魔が入る前に新しい憲法案を日本につくらせて、第一、天皇がもはや統治権の総攬者《そうらんしゃ》ではなく、国民主権を前提とした象徴にすぎないという地位をはっきりさせること。第二に、再び天皇の権威を掲げた軍隊がアジアに出ていかない。つまり皇軍の廃止。この二点が何よりの中心点になります。つけ加えて言えば、天皇と皇軍とを結びつけていた国家神道を政治から分離して、一つの宗教法人として信教の自由を享受させる政教分離です。

政教分離について

戦後の日本で、政教分離は、天皇と天皇の軍隊（皇軍）とを結びつけていた国家神道を政治から切り離すという、非常に具体的な中身を持つものでした。この話が出たところで、もっと一般的に政教分離の問題の重要性に触れておきたいのです。

国家、つまり政治権力と宗教との分離。その原型は言うまでもなく、西洋でのカトリックとプロテスタントの間の、最高に残酷で、凄惨な戦争も含めた対立の教訓です。その教訓を踏まえて、キリスト教国で政教分離という一つの平和を確保する手段にたどり着いたのですが、そもそも宗教と政治権力の力関係の点で、西洋の場合には宗教の方が圧倒的に強かったのです。ローマ・カトリック教会の権力が、西洋社会の最大の政治権力でもあったのですから。宗教と政治権力の分離というとき、そもそも宗教の力の方が強い世界での話だったのです。たとえば一九三六年イギリスで、当時のエドワード八世が退位しました。なぜかというと、エドワード八世がシンプソン夫人、つまり離婚歴のある女性とどうしても結婚したいと言いだしたためです。これをアングリカン・チャーチ（イギリス国教会）が許さない。愛情を貫くために王冠を投げ出すという、そこには政治権力と宗教権力の緊張という背景があります。もちろん一九三六年というこの時点で、イギリス国教会の力がイギリスの政治権力より強いというわけではありませんでしたけれども、歴史的な背景を象徴的に示す話でしょう。

それに比べると日本はどうか。この点で、仏教渡来の時期までさかのぼると私の知識をはるかにはみ出してしまいますので、近世以降に限るとしても、二つ時代的な節目があると思うのです。一つは一六世紀から一七世紀にかけて信長、秀吉、家康が中央集権に大きく日本を固めていくのに成功する時期。それから、一九世紀後半、明治天皇制国家が文字どおりの中央集権の近代国家をつくり上げていく、この二つの時期です。

日本の宗教と政治

この二つの時期で、それぞれ宗教に対する政治権力の優位が決定づけられたように私には思えます。というのは信長、秀吉、家康の前の時代には、鎌倉仏教とりわけ一向宗と日蓮宗は非常にミリタントな宗教集団で、一向宗の門徒はそれ自身信長と正面対決までしました。

その前に、もうかつての力を持っていないけれども、既成仏教のシンボルとして、政治権力と肩を並べるような権威を持っていた比叡山を、信長が焼き討ちする。信長はなにしろ「第六天の魔王」とみずから名乗っていたそうですから、武田信玄が比叡山・天台宗に忠実に仕える武将として自分自身を位置づけていたのと正反対です。そういう意味では、信長の新しい時代精神があったと思いますけれども、あの時期を転回点として日本で政治権力と宗教の力関係は、完全に前者の優位という形で定着しました。

家康の徳川幕府になりますとよく知られているように、檀家制度——その間にキリシタンの弾圧ということがもちろん入ります——を導入した。直接は檀家制度もキリシタン対策でしょう。つまり、およそ人民はどこかの仏教寺院に檀家として、今風に言えば登録するということがキリシタンでないということの自己証明にさせられたわけです。そうすることによって、仏教は安定を保障されたと同時に、いわゆる「葬式仏教」に形骸化する傾向が出てきます。幕府支配の末端を握る存在に位置づけられてしまう。これが一七世紀の初めころからです。

一九世紀の後半は明治国家です。ここで示唆的なのは、大日本帝国憲法の実質上の生みの親であった伊藤博文が言った有名な言葉です。「そもそも欧州においては、憲法政治の萌《きざ》せること千余年」――彼は「千年」と言っているのですが、千年かどうかは別として――、その上、彼の地には「宗教なるものありて之が機軸をなし」てきた、しかるに我が国においては「宗教なるものその力微弱にして、一も国家の機軸たるべきものなし」と述べています。

仏教はかねて力を持っていたけれども、今、その力はすっかり衰えてしまっている。それはそうですね、幕府の下請けになってしまっている。神道は、祖先崇拝として意味を持っているけれども、それは社会で力になるものではない。「日本で機軸たるべきものは、ひとり皇室これあるのみ」というのが伊藤の認識だったのです。

西洋の場合には、カトリックなり、プロテスタントなり「宗教なるもの」があって、それが社会の機軸をなしている。日本ではそれに対応するものがない。だから皇室を、西洋で言えば宗教に当たるものとして真ん中に位置づけなくてはいけない。立憲主義のためにもそれが必要だというのが伊藤の言葉です。

国家神道の存在理由

さて、そこから実は論理の循環が始まります。新しい明治政府になって京都から天皇がやってきたけれども、日本の多くの人民は天皇というものを知らなかった、といわれています。それは無理のないことです。その天皇・皇室を社会の機軸にするといっても、そのためには何かその後ろ楯になる権威が必要なわけでしょう。ところがその権威がないから皇室を機軸にしなくてはいけないというわけですから、ぐるぐる循環になります。そこでつくられたのが、国家神道ということになります。神道といっても、日本の従来の神道というのは多神教で、山の神様があったり、川の神様があったり、お稲荷さんがあったり、つまり自然信仰でしょう。

それがそのままでは皇室の権威を支えるイデオロギーになりそうもない。それで、従来の自然信仰の神道というものを国家神道として再編成する。「専門家の書いたものによると」としか私には言えませんけれども、全国で無数の神社の統廃合が強行され、それがそれぞれ、伊勢神宮を頂点として別格官幣大社から始まるピラミッド型の階層秩序に組み入れられる。神官は国家の公務員、官吏とされる。これが国家神道です。

国家神道になっても、これは政治権力より上位にあったわけではない。逆に、政治権力が必要としてつくったものです。政教分離すなわち国家と宗教の関係を考える場合に、私たちは西洋育ちの政教分離観念を使いますけれども、その前提が違うということをしばしば忘れがちになる。キリスト教国では宗教の方がもともと強くて、世俗の国家がそれにどう対処するかという話なのですけれども、日本の場合はもともと国家の方が強い。近代国家以前から、幕府権力の場合もそうでしたし、一九世紀以降の近代国家は天皇制国家でまさにそうだったのです。

天皇制国家の方が伊勢神宮より強かった、という当たり前のことをはっきり認識せずに政教分離を議論すると、西洋の政教分離を運用する基準のいろいろなドクトリンを日本に持ってきてあてはめようとしても変なことになるのです。

日本における政教分離の裁判例

具体的に申しますと、日本で政教分離の大きな裁判例が三つあります。一つは一九七七年に最高裁判決が出た三重県津市の「地鎮祭事件」というものです。市体育館の地鎮祭に市の公費を出した、もちろん額の問題ではなくて、そのこと自体が政教分離に反する、という訴訟です。第一審が合憲、第二審で違憲の判断が出ましたけれども、最高裁が第二審をひっくり返して、合憲としました。地鎮祭は工事の安全、建物の安全を願うという世俗目的だとした上で、「目的・効果基準」と呼ばれることとなる判断基準を示しました。

その行為が宗教的な目的を持ち、特定宗教を助長、激励したり、抑圧したりする効果をもたらさなければよろしいのだというのですけれども、これは実は、アメリカの最高裁が似たことを言っているのです。アメリカの方がより厳密ですけれども、ほぼアメリカの議論を持ってきたのです。

しかし、アメリカを含めた西洋の場合と日本の場合と決定的に違うのは、日本は初めから宗教を世俗目的に利用しようとしたのであって、本当に伊勢神宮への信仰が全国民の間に根を張っていて、それが政治を支配してはいけないのだ、という意味の政教分離ではないのです。

ヨーロッパの場合はまさにそうです。ヴァチカンが、それこそ二〇〇〇年にわたって人々の生活そのものを支配してきて、それが近代国家の政治をも支配しては困るよ、というのが彼らの政教分離です。日本の場合にはそうではなくて、繰り返しますけれども、初めから政治権力が世俗目的のために宗教を利用してきた。またそれをやってはいけないよ、というのが日本の政教分離なのです。

地鎮祭の判決には、最高裁判決としては決して例の多くない、一五人中当時の長官を含む五人の反対意見がつけられています。地鎮祭は、許される限界ケースということかもしれません。地鎮祭を見て宗教的なものを何も感じとらない人の方が多いかもしれません。そうだとしたらそれ自体、神道にとって侮辱的なことだとしてもです。それでも、たとえば敬虔なキリスト教信者ならば神主さんが古来の神道のやり方でお祓いするのを見たとき、自分の宗教的な考え、良心からすると、それを自分たちが出した税金でやるということは許しがたいと思うでしょう。もともと、思想・良心・信教の自由の問題を、みんながそう思うからいいという多数決の論理で処理してはならない、というのが基本的人権とか自由の基本ですから、この五人の反対意見はそこを強調しています。少数に属する人々が「いや、それは困る」という、それに合理的な理由があるのならば違憲と判断しなくてはいけないというのが反対意見なのです。

このズレがもっとはっきり出てくるのが、次にとりあげる一九八八年の最高裁判決です。

「殉職自衛官合祀事件」と「玉串判決」

この「世俗目的ならいい」という論理の問題点がもっとはっきりあぶり出されたのが、「殉職自衛官合祀事件」というものです。これは八八年の最高裁判決です。クリスチャンの妻の反対にもかかわらず、自衛官を山口県の護国神社に合祀したことが問題にされたこの事件では、第一審、第二審ともに原告の言い分が通ったが、最高裁がそれをひっくり返したというケースです。判決はいろいろ錯綜した論点を含んでいますが、その中で、自衛隊員の士気を高めるという世俗目的だからいい、というのです。しかし、ちょっと考えただけでもすぐわかるように、まさに軍隊の士気を高めるという世俗の政治上の必要と宗教が結びついてはならないというのが、政教分離の、日本のコンテクストでは肝心かなめの問題だったはずです。ところが、この判決は、肝心の日本社会で政教分離が持っていた意味を全く取り違えたことになります。

これは、学説の側にも間接的な責任があると言っていいのかもしれません。政教分離を論ずるときに西洋社会の現実に即した組み立て方をひきついで、それを紹介し、議論してきたからです。

もう一つの最高裁の大きな判断は、地鎮祭事件からちょうど二〇年たった九七年に、愛媛県知事の靖国神社に対する公金による玉串料奉呈を違憲とした「玉串判決」というものでした。ここでは、前の二例と同じ基準を当てはめながらも、最高裁は一三対二の多数意見でもって違憲判決を出しています。最高裁のいう「目的・効果基準」という緩い基準を当てはめたとしても、靖国神社の例大祭に玉串料を奉納するという行為は、確かにどう考えても宗教的な行為であるということになったわけです。

二〇年を隔てた地鎮祭判決と愛媛玉串判決、前者は合憲判断であり後者は違憲判断でしたけれども、これは、法律論としての当否を離れてそれぞれ社会通念を反映していると言っていいでしょう。

地鎮祭ぐらいはいいではないか、しかし、いくらなんでも、宗教法人である神社のお祭りに玉串料を出すというのは、明らかに宗教的な行為だろうというのが、社会通念を反映しているということです。そのことを認めた上で、しかし裁判所側は社会通念をただ反映するだけでよいのかという、また先ほどの問題に戻ってきます。

先ごろ、事件としては小さな事件ですけれども、佐賀で一つ訴訟が提起されています（一九九九年一二月）。町内の自治会が集めた会費から、町内の神社に氏子費などを醵出《きょしゅつ》する。それを町内会の一員である一人の住民が「それは困る。私は町内の神様を信仰していないのだ」というところから発した事柄です。

自治会というのは公的な組織ではありませんから、直接は政教分離の問題じゃない。政教分離というのは、国家・政治権力――地方公共団体を含みますけれども――と宗教の分離ですが、町内会はさしあたりは政治権力ではありません。したがって直接に政教分離の問題ではないのですが、日本国民の多数の社会通念と「その社会通念では、私の良心がそれを許さない」と考える人との間の意見の衝突をどう処理すべきか、という問題です。

このケースでは、自治会のメンバーであることを認めないというあつかいを、自治会がしてしまったのです。神社にお金を出すのが嫌だというのなら、ここの町内の人として認めない。自治会は公的な機関ではないけれども、厄介なことに事実上、市役所とか町役場の行政のお手伝いもしてきたのですね。いろんな広報がまわってきたり、ごみ集めのお世話をしたり、そういう存在であるだけに、単なるサークルとは違って、そこから外されると生活上の利便にも影響することがあるでしょう。

ありのままの「社会通念」を反映しているのは、町内会の人たちでしょう。それに対して「それでは困るのだ」といってあえて訴えを提起したのが、孤立した個人なので、そういう場面では、多数者の側の寛容が求められるはずです。

旧憲法の基本を出なかった日本側の案

さて、日本国憲法制定の話に戻りましょう。先に述べたように、当時マッカーサーは国民主権を前提にした皇室制度の維持、それを柱にした基本線を早くやっておかないと邪魔が入る、と焦っていました。ところが、一九四六年二月一日の「毎日新聞」を開いてみたら、それと反対方向の憲法改正案を政府が準備しているらしい。それを知ったマッカーサーは、二月三日には連合国総司令部の民政局に憲法案の作成を指示します。やがてスクープされたのと全く同じものではありませんけれども、基本的にそれと同じような案が、二月八日に日本政府から提示されます。

そこで二月一三日に総司令部案が日本政府に示されるまでの九日間、当然これは密室でなければいけません。マッカーサーとしては極東委員会ができる前に、マッカーサーの一人芝居で自分が憲法をつくってしまったといわれたのでは困ります。日本政府がつくったのだという形に持っていくために、密室で案をつくる必要があった。

「密室」という言葉について言えば、確かにお堀端の第一生命ビルの厳重に仕切られたいくつかの部屋の中でこの草案が書かれ始めた。しかし、逆説的なことながら密室の中には、イギリス革命以来の、近くはニューディーラーたちの新鮮な思想の風が吹いていた。反対に密室の外のお堀端はまだまだよどんでいた、というのが真実だったと私は考えています。

ところで、一九四五年八月一四日に受諾したポツダム宣言にはいろいろなことが書かれてありますけれども「日本国の最終の政治形態は、国民の自由に表明する意思に従って行われるべし」という条項がある。そういうポツダム宣言を日本が受諾したのですから、受諾したそのこと自体によって、大日本帝国憲法の天皇主権は否定されたのではないか。国民が自由に表明する意思に従って統治を決めるというのは国民主権ですから、これからは国民主権でゆきますということを日本が受諾したということになる。そしていわばその瞬間に、大日本帝国憲法の紙に書かれたものはまだ廃止されていないけれども、天皇主権は否定されたのではないか。そう考えたのが、憲法学者・宮沢俊義《としよし》の「八月革命論」と呼ばれる考え方です。

これについては法律家の間で、それが一番納得できる説明だと考えるのがどちらかと言えば通説ですけれども、法律専門的な論点からのいろいろな批判もあります。

それはそれとして「八月革命」という言葉は、あくまでも法的な意味での最終的な正統性（レジティマシー）の大転換があったのだという意味ですから、現実の個々の現象はそんなに一挙に話が変わるわけではない。実はフランス革命にしてもそうです。一夜にして七月一四日に変わるわけではない。ルイ一六世に「また騒動（レヴォルト）か」と聞かれた侍従が「いや陛下、今度は革命（レヴォリュシオン）でございます」と答えた、というエピソードがあります。争いあっている本人たちには何が起こっているのかわからない。ましてや「八月革命」というのは法的な正統性の所在の逆転という意味ですから、現実はそう変わるわけではない。

政治犯の釈放も「外圧」だった

戦前の治安維持法によって投獄されていた政治犯たちは、九月から一〇月の初めの段階でまだ監獄にいました。典型的なケースが哲学者の三木清の例です。三木清は共産党員の知人とのかかわりゆえに共産主義活動を援助したとされ、治安維持法違反で監獄に入れられていて、ポツダム宣言受諾から一カ月以上たった九月に獄死します。病死です。

それを知った「スターズ・アンド・ストライプス」という占領軍の機関紙の記者が日本の司法大臣岩田宙造《ちゅうぞう》のところに面会に行く。司法大臣は「治安維持法はいまだに現行法である。共産主義者の取り締まりは依然として続ける」という答えをした。それが大きな問題になって、一〇月四日のマッカーサーの「自由の指令」ということになります。

それで治安維持法をはじめその種の抑圧立法で投獄されていた人々が、一斉に監獄から初めて出される。八月一五日から二カ月近くたって釈放される。これも「外圧」なのですね。共産党員の西沢隆二――作家としての名前は、ぬやまひろし――が言ったという言葉を鶴見俊輔さんが『戦時期日本の精神史』の中で紹介しています。西沢隆二は、釈放後三〇年たってこう述懐しているのです。――ある日突然占領軍の士官が来て、君達を自由にすると言った。そこで、同じ監獄にいた徳田球一が来て、西沢に占領軍の申し出を受け入れるべきかどうかを尋ねた。

西沢隆二はそこでこう言い残しているんですね。「私たちは疲れ切っていて考える力というものをほとんど完全になくしていました」「私はあのときにこう答えるべきだったといまは思うのです。日本人がやがて私たちを自由にするまで私たちは獄中にとどまっているべきだというべきだったなと思います。」

この追憶談は戦後解放ということを考えるときに、非常に大事な問題を提起しています。政治犯が、「八月一五日」のあと二カ月近くも獄中にとどめられていた間、「彼らを牢屋から出せ」というデモ一つ起こらなかった。

これは憲法の受け入れ方と共通している。明治の初年にあれほど、おそらく全国的にそれぞれの民間憲法案が議されていたのに比べても、そういう反応は起こらなかった。それほどまでに徹底的に、一九三五年から四五年までの抑圧体制は、日本国民の精魂を吸い取っていたということだったのでしょう。

「解放」か「屈辱」か

そういう五五年前のあの時点をどう総括するかというのが、憲法の問題に向き合うときのいちばん基本的な違いであって、その基本的な違いを違いとして確認した上で議論をしないと、議論は常に第二次的な、どうでもいいところで堂々めぐりすることになるでしょう。

一九四五年時点の大転換を「解放」として受けとめるのか、自分みずからの手で自己解放をすることはできなかったけれども、にもかかわらずなお「解放」として受けとめるのか。それとも敗戦による「屈辱」としてだけ受けとめるのか。

もっと端的に言えば、二つの意味の屈辱のどちらとして受けとめるのか。戦争で負けたことを屈辱と考えるのか。それとも自分自身で自分自身を解放する千載一遇のチャンスが敗戦によってめぐってきながら、それをすることができなかった、外力を借りなければ政治犯を解放することもできず、自分たちのための憲法をつくることもできなかったという、そのことを屈辱と考えるのか。

これまでのいろいろな国の憲法史をそういう目で振り返ってみますと、一つの憲法がつくられた場合になんらかの恥ずかしさ後ろめたさ悔しさというものを伴わないで、みんながハッピーに新しい世の中の基本法をつくったという例の方が少ない、と私は思うのです。

　四つの「八九年」ということを申しましたけれども、一番目の一六八九年は、歴史の先頭を切っているイギリスです。イギリスは歴史の先頭を切っているだけに他国の影響を受けないで、全部自力でやってきたように見えますけれども、しかし実はそう簡単ではありません。一七世紀の初めから内乱があり、一六四九年にはチャールズ一世の首を斬るという流血があって、そしてクロムウェルの失脚と共和制の失敗といった波瀾万丈があった。一六八八年は「グローリアス・レボリューション（名誉革命）」と呼ばれていますけれども、見方によってはイギリスにとってあまり名誉ではなかったと、あえて言ってもいいのではないか。

　オレンジ公ウィリアムというのは、オランダから兵隊を連れてロンドンに乗り込んできたのです。一六八九年の「ビル・オブ・ライツ（権利章典）」が制定された前後、ロンドン市内はオランダ軍によって占拠されていたということは忘れられがちですが、確かな事実です。もちろん、現在いうのとは「外国」という言葉の意味それ自身が違います。ヨーロッパの範囲内では一人の王様が各所に飛び地を持っていたり、王様のファミリー同士が結婚して、その結婚によって王様の領地が縮んだり伸びたりというふうな時代でもあったのですから、割り引きして言わなくてはいけませんけれども、あえて言えば「グローリアス・レボリューション」はグローリアスなことばかりではなかった。

二番目の八九年、フランスの一七八九年はどうでしょう。確かに一七八九年の「人権宣言」が発せられた八月の段階は、新鮮に明るい時代を迎えて高揚していたのですけれども、その次に展開していった「恐怖政治」の記憶と人権宣言は、やはりフランス人の頭の中で事実として分かちがたく結びついています。フランス革命―ギロチン―ロベスピエールとなるわけです。

一七八九年はよくて、一七九二年から突然悪くなったのだというふうに見る明暗史観もあります。しかし今日のフランスの歴史家たちは、そんな単純な物差しの当てはめはできない、やはりひとかたまりとしてのフランス革命で、率直に暗部も含めて見た上でその意味を評価するという立場です。

さてそのフランスでは一七八九年に旗を掲げたけれども、なかなか立憲政治が安定しない。この点はイギリスと対照的です。一九世紀の間中、王政復古があったり、ナポレオンの第一帝政、ナポレオン一世の甥がクーデターを起こしてナポレオン三世の第二帝政というようなことがあって、結果的に言うと、フランスで議会制民主主義がようやく安定したレールに乗るのは、彼らの言う第三共和制です。一八七五年の体制、これがヒトラーに攻め込まれるまで続くのですから、フランスとしては例外的に長く続きます。

ところがこの一八七五年体制も結局、普仏戦争の敗戦によって誕生した。ビスマルクが率いるプロイセン、当時は、ヨーロッパでは小さな新興国家です。これがナポレオン三世の「大フランス」を負かしてしまって、そしてパリがプロイセン軍隊に包囲される中でナポレオン三世が退位して、帝政が解体する。そういう敗戦の屈辱の中でつくられたのが、この一八七五年体制です。

ドイツでは、言うまでもなくワイマール憲法が一九一九年に、第一次世界大戦の敗戦によってつくられました。今まで挙げた三つの例は、出自、生い立ちにもかかわらず、結果的にはそれぞれ一国の立憲主義が安定する結果に結びついた例なのですけれども、一九一九年のワイマール憲法は、一九三三年のヒトラーの政権獲得によって、国家の基本法たる実質的な意味を失うという悲劇に遭遇した例になりました。それはそのこととして、ここで言いたいのは、うまく展開した憲法だって、その生い立ちに恥ずかしさとか、悔しさとか、後ろめたさなしに、みんなに祝福されて成立するというようなものではなかったのだということです。

アメリカ合衆国憲法の場合は?

そういう目で見ると確かに自力で憲法をつくった一七八八年のアメリカ合衆国憲法は、その限りではハッピーな生い立ちだったと言っていいでしょう。しかしこれとても、今振り返ってみるといろいろな後ろめたさを、現に条文に残しています。アメリカの憲法というのは憲法を改正しても、前にあった条文を消さないのです。アメンドメントという形でうしろに、第一修正、第二修正……というふうにつけ加える。そのことによって、それと矛盾するそれ以前の条文は効力を失う。それは法的に当然のことですけれども。そうであるだけに、今でも条文を見ると流れを確かめることができます。

たとえば一七八八年憲法は、議会をつくってその議員の定数——これは下院の場合です。上院は各州、ひとしなみに二名ずつですから——を各州に配分する際に、人口比例だとしています。その際に、人口という概念を憲法の条文で定義していました。「納税義務のないインディアンを除く自由人の総数、プラス自由人以外の人数の五分の三」。これは議席配分の根拠になる人口の計算の仕方で、選挙権はもちろんもっと制限的です。アメリカ合衆国の「人口」という定義の中に、納税義務のないインディアンは入らない。それから黒人奴隷は頭数があったとしても、それは五分の三の数しか人口として認められない。この計算方式自体、白人である自由人だけを定数計算の根拠にせよという南部の各州と北部の妥協の結果でした。

そういう考え方の上につくられた憲法だということは、おそらく当時だってごく少数の人々は、後ろめたさを感じていたでしょうが、圧倒的に多くの人は当たり前だと思っていたのでしょう。しかし、今日から見ると後ろめたさを感じない人の方が少ないでしょう。だからといって、アメリカ合衆国建国の記念すべき文書を全部、更地に変えてしまって、今、恥ずかしくない文書をつくろう、という議論にはならない。

後ろめたさとか、恥ずかしさとか、悔しさは、その人その人によって違うと言えます。そういう負の部分をどういうふうに癒しながら、前向きに積極的に自分たちの歴史につなげていくのかということこそが、大事なはずではないでしょうか。

それとも、戦い利あらず戦争に負けたものだから、日本にふさわしくないいろいろな制度を押しつけられ、本来はもっと監獄の中に入れておくべき人間が出されるのを出されるままにしていた悔しさなのか。どちらの悔しさなのか。どちらの側に立っているのかということを、まずきちんと問い直す。歴史認識というのはそういうことのはずでしょう。

フランスの苦渋

その点は戦後、ヒトラー体験をしたドイツではもちろん、戦勝国の側に立つことになったフランスでもそれなりに苦渋を背負いつつ、そういう歴史認識を繰り返しています。

戦勝国になったフランスの場合も決して気楽ではない。戦争中の時間的にいえば長い部分、フランス本国はドイツの占領下にあったのですから。ドイツの占領に協力をした「コラボー」という協力派の人たちがどういうことをやったのか、しばしばそのうちの人々が戦後もフランス共和国の高官なんかになったりしている。それを改めて責任を問い直すということが、刑事裁判も含めて行われ続けています。

フランスはヒトラーに対抗して、自分の身内の数多くの血を流してフランス共和国の独立とフランス革命の理念を守り抜いた。つまり、栄光のレジスタンスです。確かにそのこと自体は全く事実で、私たち日本人にもいろいろ感銘を与えるものだったのですけれども、いわば神話化した歴史の裏側にどういうことがあったのか。ヒトラーに協力した役人たちがいなければ、フランスからあれだけ多くのユダヤ人がアウシュヴィッツに送られていったはずはない。ドイツの占領軍だけが手を下していたわけではないのだということから始まって、自分たちの歴史に改めて対峙し始めているのです。

日本の場合には、アジアへ侵略を始めた一九三〇年代、さらには一九一〇年の「韓国併合」にまでさかのぼる歴史に対して、どういう姿勢をとるのか。あの、よく知られた石川啄木の十七文字を通して、同時代を生きた詩人の感性が、それを問いかけていたはずです。――「地図の上朝鮮国にくろぐろと墨《すみ》をぬりつゝ秋風を聴く」。

戦後の始まりを、自分で自分を解放できなかった屈辱と考えるのか。もっと単純に負けた屈辱、負けたこと自体が屈辱で「あそこで勝ってたらなあ」という屈辱なのか。そこに立ち戻って、どういう将来の日本像を考えるのかということにならないと、焦点の定まらない感情論や思いつきの制度改革の話の中で、議論が混乱するだけでしょう。

被害体験と加害体験

戦争の「被害体験」「加害体験」という問題があります。日本国中が焼け野原になり、とりわけ二発の原子爆弾の投下とそれより先の三月一〇日の東京大空襲。そして沖縄の地上戦で県民のほぼ三分の一が犠牲となった。そういう直接の体験は圧倒的に多くの国民にとっては被害体験でした。

その陰に隠れて加害体験の重みを忘れていたという批判があります。これは特に一九七〇年代以降ようやく意識されるようになった。これは全くそのとおりです。日付から言っても、日本人が戦争を考えるときに八月一五日を考えるというのは、被害体験です。国内の空襲があそこで終わって、発電量が乏しいから暗い電灯だけれども、それでも電灯をつけて晩飯の焼き芋かなんかを食えるという、その新鮮さ。八月一五日という日付は被害体験からの解放の日付です。

一二月八日という対英米開戦の日付、さらにもっと重要なのは蘆溝橋《ろこうきょう》事件の日付（七月七日）、さらにさかのぼって柳条湖《りゅうじょうこ》事件の日付（九月一八日）、韓国併合の日付（八月二二日）、こういう日付があんまり念頭にないということ自体、専《もっぱ》ら被害体験であって、加害体験は忘れていたということだったでしょう。その点に対する批判はもう十二分にそのとおりだと、言わなくてはいけない。

しかし、最近になって私はもう一回強調しなくてはいけないと思うのですが、日本人は被害体験そのものを忘れつつあるのではないのか。「英霊」は加害者であると同時に被害者でした。「英霊」はなにより加害者の立場に身を置いている。「英霊」というのは軍人の死者という意味です。軍人というのは人を殺すことが仕事ですから当然、戦争になれば加害者になる。自分も死ぬ可能性が多い。自分も死ねば、とりわけ自分が納得できない戦争に動員された場合には、まさに被害者です。

軍人以外の戦争による死者、これも加害者であり被害者です。自分は戦闘員でないのに殺されるのですから、これは被害者であることは間違いない。しかし、天皇主権の戦前といえども衆議院の選挙が日本の対外戦争政策に非常に大きな影響を与えていたということは、当時の新聞を読んだだけでわかります。

天皇主権のもとでも、選挙は非常に重要な役割を演じていたのです。ある調べ物をしていて見つけた一九三二年の衆議院総選挙の後の新聞の見出しが、非常に印象的です。民政党が大きく退潮したのです。民政党は幣原の対英米協調外交を支えてきた。朝日新聞のその記事は民政党の協調外交そのものが悪かったわけではないのだが、大陸における戦争状況の進展に興奮した選挙民たちが、戦争の方に投票行動のスイッチを回してしまったという趣旨のコメントをしています。その意味では選挙権のある者はやっぱり加害者です。少なくとも男性はそうです。

女性は被害者だけだったのか？

女性は選挙権がなかった。女性は選挙権がなくて、空から爆弾、焼夷弾が降ってきただけですから、女性は被害者だけだったかに見えます。しかし、今振り返って言うのは酷かもしれないが、「軍国の母」を演じたことは被害者だけだったとは言えない。そういう被害と加害の密接に入り組んだ中で、自分自身の骨絡みになっているはずの被害体験そのものが希薄化してきているのではないのか。

そうでないならば、国策の形成に責任のあったはずの国家を代表する立場にある人々に、国家として行った戦争についてのまじめな総括もしないままに、戦死者の霊が祀られているとされる靖国神社に来てほしいという運動を、ほかならない遺族がするということは理解不能です。少しでも被害意識があったならば、自分たちの息子や夫をばかにしないでくれ、国家の責任者が大きな顔をして参拝に来るなんていうのはお断りするとなっていいはずではないのか。民間で事故の犠牲になった人々が、責任者である社長の弔問を自ら要請することなどあり得るでしょうか。被害体験を忘れるということは、とりもなおさず戦後解放の意味を理解する行為を放棄することになるのではないか、ということです。

Ⅶ　改憲論の問題点

基本理念の変更を許さない「ドイツ基本法」

よく、日本と同じく戦後に新しい憲法をつくったドイツではしょっちゅう憲法改正をしてきた、ということが言われます。

ドイツの場合にはまず、二つの面を同時に強調する必要があります。

条文の手直しという意味ではよく言われるように、これまでに四十数回もなされています。日本と対照的です。ドイツの憲法――東西統一が成就するまで暫定的にという含意で、「憲法」でなく「基本法」という用語を使った西ドイツ部分の「ドイツ連邦共和国基本法」が、再統一後も維持されています――の、条文の中に数カ所出てくるキーコンセプトに、「自由な民主的基本秩序」という言葉があります。

この「自由な民主的基本秩序」にあたる憲法の基本価値については、絶対手を触れさせないぞという立場が根本に置かれています。「憲法忠誠」というように簡単に言ったりしますし、憲法の条文に書いてある言葉ではありませんけれども「戦う民主制」という言い方もあります。

かつてのワイマール憲法が、自分の敵になる勢力に対してもオープンに選挙による競争を許した、という苦い経験がある。

ギリシャ神話にいう「トロイの木馬」を引き入れてしまった。「トロイの木馬」、すなわちナチスが城内に入ってきて、それで一挙にワイマール憲法という城そのものを破壊しました。それではいけないというので、憲法の基本価値に当たる部分の改正は許さないという改正禁止規定をつくりました。「自由な民主的基本秩序」を危うくするような政党は、憲法違反として解散させるという規定もあります。

学問の自由は規定されていますけれども、教授の自由については憲法への忠誠を免除しません。憲法の悪口を言ってはいけない。これもワイマール憲法末期に、ドイツの大学の講壇から旧派の憲法学者たちが「ワイマール憲法は第一次大戦の敗戦によって押しつけられた憲法だ。ドイツ民族には似つかわしくない憲法だ」という言辞を弄した。そういうことは許さない。学問研究は自由だけれども、教壇から憲法を侮辱することは許さない、という非常にガードの堅い憲法なのです。

それは前にもお話ししたように、よしあしが伴います。本来、立憲主義というのは憲法そのものを罵倒する自由をも許してこそ誇り高い自由主義憲法のはずなのだというのが、原理原則的な見地だったはずです。そういう見地からするとあまりに多くの問題をもちろん含んでいるのだけれども、にもかかわらず、戦後ドイツは、ワイマールの教訓からあえてそういう制度にしているのです。

ドイツ憲法は、一面では技術的なルールについては四十数回も改正している。しかし、今言った基本価値については、絶対これには手を触れさせない。なにしろ日本の公安調査庁に当たる役所の呼び名が、ドイツでは「憲法擁護庁」というのです。すべてそういう仕掛けになっているということを承知した上で、ドイツとの比較をしてもらう必要があります。

もっと大事なことは、とりわけ政治の世界の指導者たちの責任意識ということです。一九六〇〜六二年ころ、私がはじめてヨーロッパ中を歩いていたとき、例のミュンヘンのホーフブロイハウスというビヤホール、ヒトラーが旗揚げをしたところですが、そこに行きました。日本でも雑誌の随筆などに載っていたとおりのことなのですが、そこで楽しくビールを飲んでいたら、ドイツのおじさんがやってきて肩をたたいて「ヤパーナか。この間は弱いやつがいたもんだから、イタリアが弱虫で最初に降参したからやられたけど、今度はおまえのところと二つだけでやろうな」と、冗談ですらそういうことを……。

ドイツ国民の中にはいろいろな人がいるはずです。頭を丸刈りにして入れ墨をしたネオ・ナチ党のような集団もいるわけです。彼らはユダヤ人排撃のみならず、およそ一般的に外国人排撃をする。ドイツは、高度成長期にトルコからたくさん外国人労働者を入れましたが、特にトルコは、ほかのヨーロッパ諸国と違って宗教が違いイスラムですから、そういうこともあって標的になったのです。

一九九二年、そういうスキンヘッズの若者たちの集団がトルコ人移民労働者の家を焼き打ちして、死者まで出したことがありました。問題はそういうことが起こったときの反応です。そういう風潮に対して、首相のコールやワイツゼッカー大統領、野党の社会民主党の代表者らが先頭に立って抗議のデモをしました。

どこの国だっていろいろなことをやる人が残念ながらいるわけですが、そういうことが起こった場合に政治指導者が、右とか左とか、野党とか与党とかを問わず、これは許してはいけないぞということを国民にアピールする姿勢を持っているのかどうか。

日本の場合はどうでしょうか。たとえば朝日新聞阪神支局が銃撃されて小尻記者が亡くなった事件がありました（一九八七年）。あのときの総理大臣中曾根さんと社会党の委員長の土井さんが先頭に立って銀座をデモして、こういうことを許してはいけないぞというふうに呼びかけたとしたら、今のドイツの例はそれに対応するデモだったと思います。

民衆レベルでは、民衆の偏見は残念ながらどこにだってあるでしょう。日本で銭湯に「外人お断り」だとか、それからこの間、何かの新聞の投書に出ていましたね、バスの運転手さんが「外人が乗ってきましたから、かばんに注意してください」とアナウンスしました。そのバスの運転手さんは決して悪意ではなくて、逆にお客さんに対して善意でそんなことを言う。そういう善意から出ているだけにどうしようもない。

一般の人の中にはそういうちぐはぐがあるのですよね、残念ながら。それを根絶することはおそらく不可能だ。しかし問題は、大小さまざまなそういう出来事が起こったときに、政治指導者たちが与野党を問わず、右・左を問わず反応するということです。日本ではその逆で、まさにトップクラスが危ない。首都の知事が、何かが起こると悪いことをする潜在予備軍は外国人であるという前提で話をする。ここのところが問題です。

ハイダーに対する各国の反応

オーストリアでハイダーという人の率いる勢力が連立政権に入った(二〇〇〇年二月)ということで、強烈な反応がありました。この勢力は「極右」と呼ばれることも多いのですが、実は極右それ自体が問題ではないのです。右であれ、左であれ、極左であれ、極右であれ、政治的主張は自由なはずです。問題になっているのは、外国人排撃と民族差別を公然と主張したからです。一つの民族を皆殺しにしようとしたナチスの体験を一回限りのものにするのかどうか、それが問題にされているのです。

ヨーロッパの中でも一番強烈に反応したのはフランスです。フランスは現在、大統領を保守派がとり、内閣と下院の多数派は社会党主体の左派がとっているわけですけれども、そういう政治的色分けとは全く無関係に、共通して非常に強い拒否反応をとっている。会食の席などで話題になると「あれほど強く出なくても」という意見も半分ほどはあるのですが。

ハイダーに対しては政治家ばかりでなく、芸術家も反応しました。ザルツブルグの音楽祭の音楽監督ジェラール・モルティエがまず「ことしはザルツブルグの音楽監督を引き受けない」と言ったのです。その後でまた取り消しましたが。ただ気が変わったから取り消したのではなくて、ウィーンに行ったらハイダー勢力が政権に入ることに反対する大デモが、リングの大通りを何日間か埋め尽くしていた。それを目の当たりにして「これだけ抗議している人々がいるのならば、私はこの前の声明は撤回して、あえてやらなくてはいけないというふうに考えを変えたのだ」と説明しています。

ところで、つい先ごろ六月二一日（二〇〇〇年）付の新聞（「ル・モンド」紙）ですが、「ザルツブルグで今回、何事もなかったように始まった」と見出しが出ていました。これは三人の連名による論説です。この三人のうちの一人がゴットフリード・ワグナー。リヒャルト・ワグナーのひ孫で、彼自身は音楽史の専門家です。その彼を含む三人の連名で、具体的には、音楽祭のプログラムをフランスのテレビが中継するのをやめるようイニシャティヴをとることを、大統領と首相に求めています。ハイダー問題にかかわるオーストリアへの制裁の一環としてです。

こういう対処の是非については大いに議論のあるところでしょう。具体的にどういう行動を選択するかはもちろん、各人各様であるべきだとしても、大事なことは、政治指導者や知識人たちがお互いに正反対の政治的意見を持っているとしても、これだけは許せないぞという基本的な価値を共通にする見識を持つことができるかどうか。戦後五〇年たっても、日本ではまだそうならない。

さまざまな改憲論

改憲論といってもいろいろな改憲論があります。スマートな現代型改憲論もあります。しかし、底流として一番太く流れているのはやはり戦後解放そのもの、「戦後」という価値そのものを疑問視する人たちの声です。しかもそういう人たちの声が大きい。

いろいろな改憲論者がいる中で、同じ改憲論の中でも「あれだけは許せないぞ」という声が出てくるのか、出てこないのか。自分の改憲論はあの人たちとは違うんだよという、そういう意見が出てきて初めて教条的でない議論ができるはずです。

自分はあの人たちの仲間じゃない。神様の国にしようという改憲論と自分の改憲論は違うんだ、あるいは外国人を初めから疑ってかかるような改憲論ではないという「ノー」の声が、改憲論の内部から出てこないのは不思議議です。

私は「論憲」という言葉は好きではありません。憲法を論じなくてはいけないのは当たり前なのに、五〇年間以上論じてこなかった人たちがそういうことを言うわけですから、「論憲」という熟語は好きではありませんし、また、適当であるとも思いません。本来、憲法を論ずるのは当然のことだと思うのです。

「大東亜戦争」は正しかったのだということを主張する立場の改憲論に対して、それは全く違うよ、という改憲論との間で論争が必要なはずです。憲法第九条を変えようとするのは、大東亜戦争は正しかったし、必要があればもう一回やろうということなのか。そうではなくて、それとは正反対に、人権・人道が踏みつぶされているのを手をつかねて黙っていてはいけないという立場なのか。ここでも、改憲論の内部での論争が必要なはずです。

今までアジアで日本は人権・人道にあまりにも無関心でした。マルコスが反対派を押さえつけてきた。スハルトが巨万の富をファミリーで独占して、反対派を抑圧してきた。マレーシアの政権が政敵を逮捕しました。中国がチベットについていろいろ説明はしていますけれども、明らかに人命を含めて許される限度を超えた抑圧をしている。もちろん中国の国内でも「天安門事件」という具体的な出来事もありました。

それからビルマ――ミャンマーというのは軍事政権がそう名乗っているのです――私はあえてビルマと言いたい。もっともバーマニーという言葉もイギリス植民地主義と結びついていますから、どっちもどっちですけれども、とりあえず現在、より近い悪であるミャンマー、ヤンゴンという呼び方を私は拒否すべきだと思う。どちらにしても選挙の結果を無視して居座っている軍事政権のビルマ、ラングーンを放っておいてはいけない。

しかし、今まで私たち日本人を代表する政府はそういう国々との経済協力を優先して、「あなた方のやっていることはよくない」ということをはっきりと態度で示してこなかった。まして、私は賛成しませんが、「NATO（北大西洋条約機構）のように、場合によっては自衛隊を送って、踏みつぶされている人たちを助けに行くよ」ということを言ってこなかった。第九条を変えて、自衛隊を外に出すための法的な前提を整えようとするのは、そういうことをやるためなのだというのが、今、言ってみれば「グローバルスタンダード」の「普通の国家」の論理です。実際、現在自国の軍隊を国境の外に出すときの最大のジャスティフィケーション（正当化）は人権・人道です。

私は、間違いなく、いずれ最大のではなくて唯一の名目になると思います。もっとも人権・人道の名において、自分の入っていきたいところにだけ入っていく。入っていくと不都合なところへは行かない。現に、コソボへは入っていって、チェチェンに入っていかない。ヨーロッパの心ある人たちはみんなそれを恥じているはずです。

まずコソボを理由にNATO軍がベオグラードに爆弾を降らせたことが本当に正しかったのかどうか。一九九九年の戦争中は圧倒的に「正しいんだ。それを放っておけるか」という世論でした。しかし、一年たってみると、考え方は次第に分かれてきているのではないでしょうか。

さらにもう一段階、ベオグラードでやったことを正しいと思う人であればあるほど、チェチェンで何もできないということを、非常に恥じているのです。そういう緊張を余儀なくされるようなことを日本もやる腹を決めるんだ、人権・人道のために第九条を変えるのだ、というのであれば、そういう人たちは真っ先に「近代日本がやってきた戦争は正しかった」という人たちと論争をする義務がある。でも全くそれがない。みんな黙って同じ船に乗っています。

改憲論という同じ船に乗っている人が「あなたたちと同じ船に乗れない」というふうな議論を伏せたまま船はどんどん流れていって、どこに流れていくかわからない。漂流しているのです。

「人権と人道」について

先ほどから「人権・人道」という言葉遣いを、説明抜きで扱ってきました。国際関係で、武力あるいは武力によらないまでも主権国家の中への介入を問題にするときには、人権・人道と、ひとくくりにしてとりあえずはいいでしょう。しかし、物事を原点に立ち返って考える場合には、「人権」と「人道」の区別ということを、その言葉が似ているだけに私たちは注意しておく必要があります。

あるエピソードがあります。前のところで触れた「世界人権宣言」が、一九四八年に国連総会で採択されました。その五〇周年を祝う記念行事が世界中いろいろな形で行われました。日本でもお役所が一枚かんで、大きなきれいなポスターを制作しました。「世界人権宣言五〇周年」という、人権が大事だよということを訴えるポスターです。ポスターの主張はいいのですけれども、そのうちの一枚にノーベル賞を受けて、先年亡くなったマザー・テレサの姿が大写しになったものがありました。

たまたま私と一緒に街を歩いていたヨーロッパの人ですが、彼がそのポスターの前で立ちどまって「君、日本では、カトリックと人権というのは何か関係があるのか」と聞くのです。実は、私自身もあまり違和感なしにそのポスターを見ていたのですけれども、言われてみて、私の友人が何を言おうとしているのかがわかりました。

西欧の「人権」という観念から言いますと、人権というのはまさにキリスト教と政教分離の大闘争をやって闘い取ったものだという認識です。「カトリック教会の長女」と言われた伝統――長女というのは、フランス語やドイツ語では名詞に女性名詞、男性名詞がありますが、フランスという国名が女性名詞ですから、それで長女になるわけです――を持つフランスで、フランス革命の理念を実質化するための一八七五年体制のもとで、議会中心の共和制が定着していきます。その初期の共和制を安定させるための大闘争が、選挙によって選ばれた共和制の政治権力と伝統的に王党派の牙城《がじょう》であったカトリック教会との正面対決だったのです。

教育の教会からの独立

フランスの場合には、特にそれが教育の問題をめぐって争われてきました。カトリック教会の影響力をそぐために、共和制政府が非宗教教育を貫こうとして、津々浦々まで義務教育の小学校をつくるというところから始めたのです。それまで教育の場はいわば教会の寺子屋でした。当然、そうはさせまいとする宗教勢力からの大きな抵抗がある。それを何度も選挙をやってその抵抗を排除して、フランス型の政教分離を貫いた。その主要場面は教育だったのです。

フランスの公教育で子供たちが水曜日と日曜日が休みになったのは、そのときの歴史的な産物だそうです。最終的には選挙という国民主権の正統性を持った政治権力が、立法によって政教分離を強行しますが、その際の妥協の一つとして、日曜日には父兄は教会に子供をやって宗教教育をさせなさい。日曜日だけではなくて水曜日も一日、公教育は休みにする。そうしたい親は水曜日に教会に子供をやりなさいというのが、水・日休日制なのです。

親たちは週休二日で土・日が休みなので、子供が水・日休みでは不便だ、子供たちも土・日休みにしろ、という声が簡単には通らないのも、やはりそこは、事の由来の重みというのが支配しているのでしょうか。とにかく、そういう政教分離の大闘争がありました。最終的には一九〇五年のいわゆる政教分離法を強硬に通したときに、フランス共和国とヴァチカンとは国交断絶までするのです。

そういう近代史の中で育ってきた国民が、世界人権宣言のポスターにカトリックのシンボルでもあるマザー・テレサが出ているのを見て、素直に驚いた。キリスト教が、その論理の本質において、人権という思想と矛盾しているかどうかという話はまた別です。私はその点についてはあまり発言の能力がありませんけれども、神の前において人はひとしなみに同じ存在だという考え方自体は、人権の思想と論理的には深くかかわるもののはずです。平等だけではなくて、自由にもかかわっているでしょう。

キリスト教の普通の教義はどうでしょうか。みずからを救う、自分自身を救う、そのために神を信仰する。その反面として、論理的にいうと自分自身が堕落する自由をも認めている神学じゃないかというのが私の認識ですけれども、これは間違っているかもしれません。みずから堕《お》ちる自由というものを論理的に認める、つまり、全員が自動的に救われるという宗教でないというところに「自由」というコンセプトの一つの深いところがかかわっているのではないか、というふうに思っていますが、この点は素人の見方です。

しかし歴史的には、人権の主張は、政教分離をキリスト教を相手取って、闘い取る必要があったのです。そのことは、頭のどこかに入れておく必要があるのではないでしょうか。教会を相手取ってすら自己主張をするその精神というものが、人権のエッセンスをなしているのです。

そもそも哲学でいう「啓蒙」という言葉があります。ドイツ語でいうと「アウフクレールング Aufkläarung」、フランス語でいうと「リュミエール Lumières」ですが、要するにひたすら神の力によって覆われていた中世以来の世界に対して人間精神が何かやるんだという、それがそもそも啓蒙期の思想の意味だったのです。

それに対して「人道」というのはどうだろうか。人権は、自分自身が自己決定し、その結果について責任を負うという論理です。そういう意味で一九世紀ドイツの法学者イェーリングによる『権利のための闘争』という有名な本もありますけれども、闘う力を持たない弱者、弱者が弱者のままである場合にそれを放っておけないというのが人道でしょう。

一方、虐《しいた》げられている者は立ち上がれ、自分でとにかく、はいつくばっても立ち上がれ、そうしたら一緒に応援してやろう。「何かしてください」というだけでは人権の実りにありつくことはできないよ、という厳しさを持っているのが人権であって、そこが人道との区別でしょう。

「自由」経済と「独禁法」

さて、その「人権」について「個」の自由ということを言う際に、経済での話と、思想の話をきちんと仕分けする必要がある。さらに言えば、経済活動の場面でも「自由」という言葉の意味をさかのぼって吟味しておかなければならないでしょう。

というのは、ソ連・東欧の社会主義の崩壊後、市場経済の勝利ということが言われてきました。とりあえずは確かにそうなのですけれども、その「市場経済」の「自由」ということの意味の理解で、混乱が多分にあったように思います。

人によっては資本主義・市場経済という言葉によって、とにかく強い者が勝つ「ジャングルの法則」、日本の経験で言えば敗戦直後のころのいわゆる「ヤミ市資本主義」を考えるようです。比較的最近では、そういうものを指して「市場原理主義」というような言葉で批判的に見る人もようやく出てきましたけれども、そういうものをそのまま肯定してしまってよいのか。この問題を考えるときに、私たちの世の中の身近な問題として、「独占禁止法」という法律、正確に言うと「私的独占の禁止及び公正取引の確保に関する法律」が、ものを考えるいい素材を提供してくれています。

独占禁止法は、独占を禁止ないし制限するわけですから、禁止・制限される独占の側を基準にすれば自由制限立法です。ところが、いろいろな法律で第一条には立法目的を書いてありますが、この法律も第一条で「公正且つ自由な競争を促進」すると書いてあるのです。法律自身が自分自身をどう定義しているかというと、自由促進立法として定義しているわけです。

同じ経済的自由をとってもこの二つの「自由」のコンセプトが、ここで対立するということになります。この論点は日本で一九七〇年代の初めに、経済史学者によって法律学に対して問題提起をされました。私たちの世界では「営業の自由論争」と呼んでいるものなのです。

　事柄は独禁法に限りませんけれども一番わかりやすい例をあげると、この独禁法の問題です。「自由」という場合にどういう自由を考えるのか。独禁法によって制限される独占の側から言うと、自由が制限されている。この自由は、やりたいことをやらせてくれという自由です。それに対して、この法律自身が自由促進立法として自己定義している自由は、自由で公正な競争が維持されるという実質価値をそう呼んでいるのです。

　この「営業の自由論争」は、法律学に対する問題提起として、広い範囲にわたる意味を持ちました。

　普通、法律学者が、そのこと自体は当然でも自然でもあるし、正しくもあったのですけれども、なによりも国家からの自由を考えていた。国家から自由なところで、何をしてもいい自由というのを考えてきた。

　ところが、自由と言うとき、場合によっては相手は国家つまり政治権力だけではなくて、強い私人、つまり社会的権力に対する自由が問題になります。――国家に対する関係では、みんな私人でしょう？　その私人の最たるものは巨大法人です。それと個人。巨大法人とそれに雇われている勤労者、あるいは、巨大法人とばらばらの消費者、これはいずれも私人ですから、国家に対する関係では、同じように国家から自由に動くことを保障されています。ところがそういう自由を保障されていることによって、その私人の間で、権力的立場にある者と権力を持たない者の関係が出てきます。この関係にも憲法上の権利保障を及ぼそうというとき、基本権の「私人間《しじんかん》効力」というふうに法律学の方で呼んでいる論点が出てくるのです。こういう問題の意味を、この論争は改めて強く意識させることになりました。

近代国家は公権力というものを国家が独占しているわけですから、国家からの自由というのがもちろん、なにより大事です。しかし、国家からの自由という枠組みだけだと、その枠組みのもとで私人間《しじんかん》での権力関係ができる。社会的権力と弱者が出てきます。

国家・政治権力は、法的な強制力を持っているのに対して、私人間の社会的権力関係は、そういう強制力は持っていない。しかしその反面、政治権力・国家のあり方というのは、少なくとも建前として人々が選挙によってコントロールできる。実際上はなかなかそうはいかないのですけれども、その気になればできるはずです。

ところが、社会的権力というのは選挙によってコントロールできません。そうであるだけに裁判所の力をどこまで伸ばすか。もちろんそれにもまた限度があって私人間の関係にやたらに裁判所が手を突っ込んでくるというのは、また国家からの自由が狭まるということになります。そこは法律学につきものの、妥当な線をどこで引くかという仕事の問題になります。

独禁法の話に戻しますと、どういう「自由」なのか。巨大企業が市場を全面的に掌握するようになってしまうと、競争状態がなくなってしまう。競争状態がなくなってくると、消費者は高いものを買わされるというだけでなくて経済社会そのものが沈滞する。そこで、国家が独禁法という枠組みをつくって、競争ができる状態を回復しようとするのです。

この独禁法というシステムをつくった母国であるアメリカ合衆国では、さすがに、あの巨大企業マイクロソフト社、アメリカの国益を代表するかのような巨大企業を向こうにまわして、裁判所であれ、あるいは商務省であれ、それを分割させようとする。アメリカ経済そのものの活力を失わせることになる独占状態、競争のない状態はよろしくないという考え方です。

もっともそのアメリカは、国外に対してはアメリカン・スタンダードでアメリカの独占を押しつけようとするのですけれども、アメリカの国内ではまさに本来の市場経済がどういうものかということを心得ている。きちんと、すべてについてそうしているというわけではないにしても、象徴的な出来事だったと思います。

それと反対に、そういう枠組みがないと、独占の自由、あるいはインサイダー取引の自由、ヤミ市的な暴利の自由、という状況になっていきます。

マックス・ウェーバーとマルクス

実は経済にかかわる政治思想については、いろいろな人が違った観点からいろいろと言ってきたことなのです。たとえばマックス・ウェーバー（一八六四〜一九二〇）という人がいます。彼の名著で『プロテスタンティズムの倫理と資本主義の精神』という有名な書物がありますけれども、この本の要点は、近代資本主義と近代以前の金もうけ活動一般とは本質的に違う、ということとの強調だったはずです。「資本主義」という言葉を、さかのぼって古代まで使う人もいるけれども、ウェーバーはそれを「パーリア・キャピタリスムス」といって区別したのです。「パーリア pariah」という言葉は、今日では差別的なものとして使われていますが、彼が言おうとしたのは、それは本来の資本主義でないということでした。本来の資本主義の精神というのは、そういうものではないのだというのがこの本の主題でしょう。

ウェーバーと対照的な立場にあるのがカール・マルクス（一八一八〜一八八三）です。彼は近代資本主義そのものが内的な矛盾によって社会主義に転化するというふうに考えたわけですけれども、にもかかわらず、近代資本主義が近代以前の資本主義に比べて持っていたこととの意味をとらえて、近代資本主義以前の資本主義を「ノアの大洪水以前的資本主義」というのです。西洋人ならばすぐ思い出す旧約聖書の『創世記』に出てくるノアの大洪水以前の、要するに私たちが基準として考える世の中以前の資本主義だ、というわけです。

近代以前の資本主義は、他人の困窮に乗じて高い金利を吹っかけてそれで元手を取り立てるという金貸し資本主義、それから、人より目先をきかして珍しいものを見つけてくる、それはしばしば遠隔地商業という形をとりますが、一船で大もうけで当てて利ざやをたくさん稼ぐ商人資本主義だというのです。こういう高利貸し資本や商人資本、これはそもそも投機的なものだからどんな政治体制、どんな権力者とでもくっつく性質のものです。

ところが近代資本主義は、マルクスの枠組みからすると資本家が労働者を雇って働かせて——マルクスの用語で言うと「搾取」して——そこで物をつくって彼の言う「剰余価値」でもうける。そのためには、自由なマーケット、なにより、領地に縛りつけられていない人民、要するに自由に動ける労働者になれる人民というものが必要になります。つまり、一定の合理的な社会関係を必要とする、これが近代資本主義なのだというわけでしょう。

言うなれば、まさに独禁法が自分自身を自由促進立法として定義するような意味での自由が、近代資本主義の自由だったはずです。

アダム・スミスの「見えざる手」

「見えざる手」という言葉だけが独走すると、まさに強い者勝ちのジャングルの法則、ヤミ市資本主義を連想させそうですけれども、アダム・スミス（一七二三〜一七八〇）の考え方はその正反対だということも、重要なことでしょう。アダム・スミスの「見えざる手にみちびかれて」という論旨は、彼の「道徳哲学」と題する講義の重要な一項目として説かれていたのです。キリスト教の倫理が前提にされていた上での、「見えざる手」だということです。

比較的近年に、ドイツで日曜日にも商店が営業してもいいという法律ができました。それ以前は日曜日の営業というのは禁止されていました。あるドイツ人が半ばジョークで、しかし決してジョークだけではない言い回しをしていたのですけれども、日曜の営業を可能にする法律改正は、ドイツでは憲法改正より難しいというのです。ドイツの憲法改正は、すでに戦後四十数回行われていて、枝葉の部分の改正はしょっちゅうです。それよりも難しいぐらいだという。

もちろん、法の手続上は、こちらは普通の法律ですから簡単なのですけれども、実質上の抵抗という意味です。日曜日は安息日で、あさましく働いてはいけないという物の考え方が、共有されてきたのです。立法の主旨としては、日曜日の市民の利便を図るために、というふうな理由づけがつきますけれども、ありていに言えば、日曜日も稼ぎたい人は稼げるという法律です。それをつくるにはそれだけ社会的抵抗があるような、そういう風土を前提にした「見えざる手」ということでしょう。

いろいろなことを議論する場合に、その前提がどうなのか、日本とどう同じであり、どう違うのか、を見ていくことが大事だという一例ではないでしょうか。

永田町では「護憲というと誤解される」？

ところでこの間、野党に属する旧知のまじめな議員さんと偶然顔を合わせて立ち話をしました。私の仕事はもちろん知っているわけですから、憲法の話になった。

「なにしろ『護憲』というと誤解されるものですから」という言葉づかいをその人がしたのです。その人は今までの私たちの言葉からすれば「護憲」派なのです。第九条を変えてドンパチやるという立場でないことはもちろん、人権・人道のためにだって、まだ国際的に信用されていない日本がそう簡単にやるべきことではない、と考えている人です。実際、たとえば中国はチベットで抑圧をしているとしても、日本が自衛隊をそういう問題の解決のために出すなどと言ったら、中国政府のみならず中国の人民から、「日本から人権・人道についてお説教を受ける立場にはない。あなた方、いったい何を考えているのか」、つまり南京虐殺の自己点検を終えていない日本が人権・人道のために中国の主権に介入するなんていうことは、とても許せないというふうに言われるでしょう。

いずれにしましても、私たちの普通の言葉で言えば護憲の立場の人なのですが、「護憲というと誤解される」という言葉を使ったので、「なるほど永田町界隈では、そういう言葉が持つイメージがすでにでき上がっているんだなあ」と思ったことがあります。護憲というのは要するに改革派に対して守旧派、何か既存のものにしがみついて物事を変えようとしない、というふうに受け取られているのでしょう。

そうなってくると、どうしても問題にする必要があるのは、先ほどドイツについて言ったように、枝葉を整えるための憲法改正をいろいろ具体的な条文に即してやるということと、ワイマール憲法からナチスの独裁に展開していった過去の歴史を徹底的に否定して「自由な民主的基本秩序」という基本理念には絶対に手を触れさせないということの、区別です。賛否両論分かれるところですけれども、政党を丸ごと憲法違反だから解散させるという強硬措置までも含むかたい憲法擁護という両面を持っているという、枝葉と根っこの取り扱いの区別です。

「五〇年もたったのだから」

ひるがえって日本の場合に、広義の改憲論は、先ほどから言ってきた問題ですけれども絶えずあいまいです。この点は少し手直しをしたらいいのではないかとかこの点はどうだろうかという議論と、敗戦自体を悔しいと考える立場からの改憲論。これが呉越同舟で改憲を論じているということです。

根本的な問題があいまいなまま、年月ばかり経過すると、ムードとして「五〇年もたったのだから」ということになるようです。「五〇年もたったのに改正の話にも乗ってこないのは時代おくれとされ、守旧派の連中と一緒にされて誤解される」というのが「護憲というと誤解される」という感じ方の意味なのでしょう。

「五〇年も」ということに関しては、ドイツの場合、つまり、憲法の基本には絶対に手を触れさせないという、繰り返しますけれども、見方によっては行き過ぎたほどの憲法価値の固定化、という例を挙げてもいいし、お隣のフランスの場合を挙げてもいい。そこでは一七八九年という大時代物の人権宣言が二一〇年たった現在、一言一句変わらないままで憲法裁判所によって違憲判断の根拠にされています。たとえば「財産権は神聖不可侵」という。これは二〇〇年前ですから当然です。日本国憲法だったら、公共の福祉によって制限できるというふうに書いてある。それは二〇世紀の憲法だからです。

しかし、そういう古色蒼然とした二〇〇年前の条文を今風に変えようという議論はない。憲法裁判所がいろいろな工夫をして、法律家としての解釈技術を駆使して現実に合った判断を示しているわけですけれど、「それなら条文を今風に変えればいいのではないか」という声は出てこない。憲法のほかの条文、大統領はどうするとか首相はどうするとか上院と下院の関係はどうするなどということは別として、フランス近代社会の基本価値がこの人権宣言に凝縮している。だからこの背骨を変えてはいけない、自分たちのアイデンティティだという強固な信念があるからです。

同じことがアメリカについても言えます。アメリカ合衆国憲法は憲法本文としては世界で一番古い一七八八年そのままです。追加条文という形で第一修正、第二修正……となっていますけれども、それらと一七七六年の独立宣言がセットになっているのです。独立宣言は法ではありませんが、合衆国憲法と絶えずセットにされて理解されている。

独立宣言にしろ合衆国憲法にせよ、まだ奴隷制を認めていたときのものです。もちろん修正条文という形で奴隷制否定の条文が後から（一八六五年）入ってきますけれども、その骨格は奴隷制を認めていたころの文章です。なにしろ先住民を騎兵隊が駆逐しながら国を創っていって、一三州から始まって今の五〇州になった国です。

そういう、後ろめたいはずの制定期の記憶が、二〇〇年前のテクストにむすびついています。にもかかわらず、アメリカ合衆国の基礎をつくった彼らの言う「ファウンディング・ファーザーズ（創設者）」たちのフィラデルフィア会議の歴史的な意味というものをあいまいにするようなつくりかえはいけないというのが、アメリカのコンセンサスなのです。

なぜ改憲が必要だというのか

日本の場合にはどうでしょうか。一九四五年の敗戦によって日本が生まれ変わり一九四六年一一月三日に今の憲法を公布したということの意味を、戦後の西ドイツ、一七八九年のフランス、一七七六年ないし八八年のアメリカがそうしているように、日本社会の少なくとも基本的な本質的な出発点にしようとするのか。それともどうしてもそれが嫌なのか。やっぱりそこのところがぐらついていると、一つの公共社会は背骨がなくなってしまう。

いろいろ具体的な新しい条文が欲しいというまじめな議論は、確かに出されている。この点は問題を二つに分けて考える必要があります。多くの問題は、なにも今の憲法が邪魔をしているわけではない。環境をきちんと保全しなくてはいけないというのは、憲法がそんなことをするなといっているわけではない。逆に、法律技術的に言えば、第二五条の「健康で文化的な最低限度の生活を営む権利」、それから第一三条の幸福追求権を手がかりにして、法律家はいろいろな議論をしています。むしろ九州の諫早湾の閉め切りとか四国の吉野川の可動堰など、まさにそういう環境保全運動の邪魔をしている人たちが、今の改憲を主張している勢力ではありませんか。

男女平等をもっとはっきりさせよう、という改憲主張はどうでしょうか。典型的な例ですからまた持ち出しますが、夫婦別姓法案。せっかく法案が準備されているのに、それを握りつぶしている勢力に属する人たちが改憲を言っているのです。これは法律を成立させればいいだけのことなのに、です。改憲運動ではなくて立法運動が大事なのです。逆に、仮に憲法に何かの権利を書いたとしても、最高裁判所を頂点とする裁判所がまともに取り扱ってくれなければ、「絵にかいたもち」になるでしょう。

現に言論の自由から生存権まで、いろいろな自由と権利が今の憲法に書いてあるが、必ずしも十分に実現されているといえないのは、裁判所が必ずしも十分にそれをやってくれていないからで、立法と裁判所に対する働きかけをこそ熱心にやってほしい。これが第一の問題です。

人道のための武力介入

第二に、確かに憲法を変えないとその先に進めない、という問題はあります。一つは確かに、憲法第九条を変えないと、NATOのような人権・人道を守るための武力介入、他国を爆撃するということはできない。しかし、改憲を主張している人たちは、それを本気でやろうとしているのでしょうか。

私は人権・人道のためであっても、武力介入は解決にならないという立場ですけれども、いや、いざというときにはそうはいかないという考えも、私は十分成り立ち得る立場だと思っています。それは対等に論争すべき二つの立場です。

人権・人道のために、武力以外のことでは最後は決め手にならないんだよ、天安門で素手の学生たちがタンクに押しつぶされているときに、そんなことをやめろと言って経済制裁をしたって、解決にはならない、という議論です。そういうまじめな議論は、本気でやる気があるならあり得る選択でしょう。

この問題はそれぞれの世界観、人生観、もっと深刻に言えば良心というふうなものに応じて考え方が違うはずです。だからこそ、そういうものを前提にしながらオープンな議論をすることが大切なはずなのですが、私自身が日ごろ考えていることをここでつけ加えておきたいのです。

一九九九年三月に、NATO軍のユーゴに対する攻撃が始まりました。その直後、私はベオグラードの中心部に住んでいる友人に電話をしました。意外にも電話はすぐ通じました。この友人は二〇年来の友人ですが、「国際憲法学会」という世界規模の学会を一緒につくった六、七人ほどの自称「ファウンディング・ファーザーズ」仲間の一人です。今は定年で引退していますが、元ベオグラード大学の法学部の教授で、かつて国会議員もしたことがありますし、セルビア憲法裁判所の判事もしたことがあります。

彼は政権とは違う立場をずっととってきた人です。ミロシェヴィッチが政治権力を取る前から、当時のチトー以来の政治勢力、彼の言い方で言うと「レジーム（体制）の人間」とも距離をとってきた人です。彼自身は八九年以降、ミロシェヴィッチの強権政治が——ともかくも選挙によって地位についたわけですが——腰を据えるその前のころ、王様を連れてきて議会制民主主義を復活させようということを仲間と一緒に試みていました。

というのは、王様は国外に亡命しているのです。独裁制が終わったあと王様を連れてきて、象徴君主制のもとで議会制民主主義を復活した成功例がスペインなのです。スペインは、戦前からフランコの独裁で一九七五年にフランコが老齢で病死して、その後ファン・カルロス一世が復帰して、その王様のもとで議会制民主主義にソフトランディングしたという経験が、旧東ヨーロッパの人たちの頭の中に非常に強くあるのです。多年にわたる一党支配から――ユーゴは必ずしも一党ではありませんでしたけれども――議会制民主主義にソフトランディングするために、シンボリックな王様を連れてきてそのもとでやろうという、そういう企てをやっていました。王位評議会（Conseil de la Couronne）のメンバーなのです。

私は彼との電話で、二つの「ノー」、ミロシェヴィッチに対する「ノー」と、NATOの武力介入に対する「ノー」ということを話しました。問題はNATOの軍事介入によって、ミロシェヴィッチへ「ノー」と言う人々が完全に孤立することになっていったということです。それ以前、かつては地方選挙でミロシェヴィッチ政権をあと一歩のところまで追い込むぐらいの地力を反対派の人たちが持っていたのですが、これは別の問題ですが、反対派同士が仲が悪くてどうにもならなかったのです。

さて、話の本筋ですが、あの軍事介入についてはまず形式上の合法性をめぐる問題があったはずです。一つはだれでも指摘していることですが、国連の決定がない軍事介入だということです。これについては合理的な説明はありません。コソボの事態を見逃しにできるのか、それ以外にしようがなかったんだという説明です。しかし、しようがなければ何をしてもいいのかということを、法律家であればまじめに問い返さなくてはいけないでしょう。

話は全く飛びますが、日本で起きたある殺人事件で、第一審の東京地裁で無罪になった外国人を、にもかかわらず勾留し、最高裁もそれをみとめる決定をしました。これには全く法的な根拠はないはずです。第二審あるいは上告審で判決がひっくり返ったら困るではないか、日本にいなくなったら、どうしようもないではないかというわけでしょう。しかし、困るからといって法が定めていないことをやっていいのか。法治国家、立憲主義というのは、ある原則を決めたら、仮に困ったとしてもそれを動かしてはならない。困ったことが仮に起こったとしたら、これから困らないようにいろいろな手だてをすることです。たとえば相手国と引渡し条約をきちんと結んでおくとか……。それをいきなりその場で困るからという、必要が法を曲げるという論理で正当化していいのかという問題を、提起しています。話をもとに戻しましょう。

それからもう一つ、日本の国内ではあまり議論されていないことですけれども、ヨーロッパの一部の論壇では盛んに問題にされているのは「国際人道法」との関係です。「国際人道法」と呼ばれているのは戦争のためのルールです。一昔前は「戦時国際法」という言葉で呼ばれていたかなりの部分が、この「国際人道法」の中に含まれます。

「ジュネーヴ条約追加議定書」の存在

戦争犠牲者の法にかかわるジュネーヴ諸条約は一九四九年につくられたものですが、七七年に「追加議定書」というものがつくられているのです。これを本当に守ったならば、いかに今、精密兵器が発達したとしても、そう簡単に空爆などできないようなルールなのです。たとえば「敵対的な相手の無差別破壊の禁止、不必要な苦痛を与える手段・方法の禁止、自然環境の重大な破壊をもたらす手段・方法の禁止、ダム・堤防・原子力発電所など、危険な威力を内蔵している工作物への攻撃の禁止」等々です。その他、細かなルールがこの条約によって決められています。

ただ、アメリカはこの追加議定書に批准《ひじゅん》していません（日本もそうですが）。ですから、NATO軍といっても、批准している国と批准していない国がある。この点で「NATO軍」というふうにひとしなみにとらえていいのか。ここではあえて、実質的な人道問題を問題にしているのではなくて、「国際人道法」という法形式との抵触という、専ら法的な点だけについてのことですけれども、いろいろな複雑な問題が出てくるのです。現に、フランスの外務大臣は「NATOは決して一体として軍事行動をしていたわけではない。アメリカの部隊はアメリカの部隊として、単独に行動していたこともあった」ということを発言して、物議を醸《かも》していま す。フランスはフランスで、この「追加議定書」に批准していないのですが、ともかく軍事介入であっても、実はこういう国際法の網の目が張りめぐらされている。簡単に言うと軍事介入は、軍事目標だけにしかしてはいけないというのが、この条約の定めていることなのです。

こういう条約の規定を本気で守ろうとすれば、あえて言えば戦争などできないのです。いかにピンポイント爆撃といっても、今度は軍事目標の解釈が問題になります。たとえばベオグラードの放送局を爆撃しました。NATO軍は「誤爆ではない」と言っているのです。放送局を軍事目標として認定するのかしないのかという、そういう解釈の問題が出てきます。

軍事介入という究極的には殺し合いを前提にしている局面で、なおこういう法律論をやるのは、「必要は法律にまさる」という論者からすれば、それこそ「法匪《ほうひ》」という言葉がありますね。重大な出来事の前にいろいろぐじゃぐじゃ法律上の論点などを指摘するのは、けしからぬという意味で使いますけれども、しかし法律家が法匪の役割を放棄したら、それはやはり職業倫理に反することでしょう。「国際人道法」を本気で守ることが、なかなか実際上はできないからこそ、この論点が重要なのです。

今度は、高度の上空からの爆撃だけに限定しました。NATO軍側は、戦時行動そのものによっては一人の犠牲者も出なかった。基地で事故で死んだ人がいたようですけれども、一人の戦死者も出ていません。自軍に一人の戦死者も出ないように高度から爆撃すれば、どんなピンポイント爆撃でもこの「国際人道法」を遵守することは無理です。さらに、意識的に軍事目標について、解釈が分かれる。条約という法律解釈の問題を超えて、実質問題につながっていくでしょう。だからこそ、戦争そのものがいけないという日本国憲法第九条に結局はつながっていくのだ、というのが私の考えですけれども、ここから少し実質論に入りたいと思います。

「正義のための戦争」――肯定と否定

そういう問題「国際人道法」を守ろうとしても、実際上それを本気になって守ることなど無理だということを承知の上で、なおかつ軍事行動、軍事介入に踏み切らなくてはいけない、人権・人道を見殺しにできないという立場があります。繰り返しますが、私はそう考えませんけれども本気でこの立場をとるのならば、十分に尊重すべき論争相手として成り立つ立場だと思います。

ただ、これも本当に本気で首尾一貫できるのだろうか、ということを私は疑います。というのは、どうしても悪い意味でのダブル・スタンダード（二重基準）になるからです。現に人権・人道のために軍事介入すべきだとするならば、一九五六年のハンガリー事件のときに、それから六八年のチェコにソ連軍の戦車が無慈悲に入ってきたときに、だれも手を出さなかった。

いや、現在でもチェチェンやチベットに対して、だれも人権・人道のための介入をしようと、それだけの蛮勇を発揮する人はいません。

そうであるならば、改めて武力介入・軍事介入することによって何が得られるのかということをまじめに考え直す必要があるのではないでしょうか。その際に人権・人道を見殺しにしているのではないかという批判・非難に答えるだけの、日常の人権・人道のための積み重ねをしていくということを、第九条はまず日本国民の私たちに本来、義務づけているのだというふうに思うのです。

その第九条について、重い問題をあえて提出しておきたいと思います。第九条は、繰り返しますけれども、正義のための戦争はあり得ないという哲学を前提にしています。ところがその第九条を含む日本国憲法はどういう戦争の結果できたのか。日本は、サンフランシスコ講和条約を結んだときに極東国際軍事裁判所の裁判を受諾すると、条文の中で言っています（第一一条）。

極東国際軍事裁判が前提としていた観点、つまり日本と連合国との間の戦争において、連合国の戦争は正義の戦争だったということを、日本は条約で認めているのです。もちろんその連合国の主力をなしている欧米諸国が、かつて南米のインカ帝国を絶滅させ、アジア・アフリカなどほとんど地球上の大部分を植民地として支配していたという、彼らの持っていた影の部分を正確に指摘し続けることは重要です。しかし今度の日本の戦争そのものは、まさしく日本が中国大陸を侵略したことをきっかけに起こったのです。

日本は、負けた戦争において彼らの側に正義があったということを、講和条約で承認しているのです。相手方が正義のための戦争をしたということを承認しつつ、これからは正義のための戦争はあり得ないのだということを、敗戦の結果つくった憲法第九条で掲げているという、このねじれをねじれとしてきちんと受けとめた上で——受けとめ方は、その人その人によって違っていいと思いますし、また、当然違うのでしょうけれども——、二一世紀へ向けての、日本社会が進んでいくべき積極的な道を手探りしていくということが、私たちに突きつけられた中心テーマだと思うのです。

最近の論壇で、「戦後民主主義はのんき坊主だった」、戦後民主主義のもとでぬくぬくしてきたというような言説がよく読まれているようですけれども、そうではない。少なくとも戦後憲法学というのはこういう憲法の出自そのものの、それこそ後ろめたさを受けとめた上でなおかつ、第九条の持つ、正義のための戦争はあり得ないという哲学の意味を、かみしめてきたはずなのです。もちろん、私たちは十分な答えを出してきたわけではない。そもそもそれは、簡単に答えの出る話ではない。しかし、ぬくぬくと戦後民主主義のぬるま湯の中で昼寝をしてきたのではないということを、ここで言っておきたいのです。

「憲法」について本気で議論をしよう "Taking Constitution Seriously"

改憲を本気でやる気があるのかどうか、まじめに論争してほしいということです。アメリカでドゥオーキンという学者の『Taking Rights Seriously』(権利を本気で受けとめよう)という著書が、政治哲学・法哲学から論壇をも巻き込んだ議論を触発しました。それに倣って言えば、まさに "Taking Constitution Seriously" です。

Ｉの章でアファーマティヴ・アクションの話をしましたけれども、議員の数が男女同数になるようにルールをつくるというのは、近代憲法の普通の枠組みの内部では無理です。まず、そのことによってはみ出る男性の平等が侵害されるわけですし、それから全国民の代表であるはずの議会が男という層、女という層を代表する議会ということになってしまう。これは普通に考えれば憲法を改正しないと無理だ。本当に実現させようと考えるなら、そういう議論をしてほしい。

それから直接投票制を今は地方レベル、地方自治法でしか、認めていません。国の法律をつくる場面できちんと本当の国民投票制をつくろうとすると、確かに今の憲法ではできない。第四一条に、国会が「唯一の立法機関」と書いてありますから。このことも本気で考えているのか。地方レベルでの、主として環境問題とか基地問題についての住民投票についてすら「行き過ぎだ」というふうに言っている政治家たちの集団が改憲派なのですが、それも本気で出す議論なら、大いに護憲派との真剣な議論の対象にすべきです。全国レベルの直接投票で物を決めるということについては一長一短があって、だからこそ今は憲法改正の場合に限定されているのですが、それを本気でやろうとしたら憲法改正が必要なのです。

くりかえしますが、問題を二つに分ける必要があります。一つは立法運動、そして裁判への働きかけこそが大事な問題であること。もう一つは、確かに憲法を変えないと先に進めない問題群があること。この二つを仕分けてほしい。そして後者については、変えようとするその中身が本当にそれでいいのかどうかということを、おおっぴらに議論してほしい。

「すべて国民は、個人として尊重される」

戦後、日本国憲法を手にした日本社会にとって、日本国憲法の何がいちばん肝心なのか。それをあえて条文の形で言うと、憲法第一三条の「すべて国民は、個人として尊重される」という、この短い一句に尽きています。

これは権力が勝手なことをしてはいけないという、中世以来の広い意味での立憲主義が、近代になって凝縮した到達点です。個人の生き方、可能性を自由に発揮できるような社会の基本構造、これを土台としてつくってくれるはずのものが、憲法の持つべき意味だということです。

まさにその「個人」について、明治の開国以来、私たちの先輩たちのすぐれたいろいろな人人が、格闘してきました。夏目漱石の『私の個人主義』という学習院で行った講演一九一四(大正三)年が、有名です。個人というのは寂しさに耐えるんだ。その辺の雑木の薪なんていうのも、束になっていれば気持ちが楽だ。しかし、個人というのは自分自身で自分の去就を決め、自分で腹を決めるということだ。だから、本来寂しいことなんだという、ズバリ個人の尊重ということの重みを語っています。漱石はそれを強調しながらも、実は漱石人脈に温かく囲まれていたわけですけれども。しかし、問題を痛いほどよくわかった上でそうであったのだから、幸せな人だと思う。

他方で文字どおり個人であることに徹したのが荷風散人(永井荷風)だったのです。その点について彼から引用しようと思えば枚挙にいとまがないのですけれども、あえて一つ。——「わたくしは元来その習癖よりして党を結び群をなし、その威を借りて事をなすことを欲しない。……わたくしは芸林に遊ぶものの往々社を結び党を立てて、己に与するを掲げ与せざるを抑えようとするものを見て、これを怯となし、陋となすのである」(『濹東綺譚』)。文字どおり彼は名実ともに「個」であることの純粋さを貫いたのです。

個であることは、しばしばそのつらさに耐えかねて、逆に集団の温かみに救いを求めるということになってしまう可能性もあります。それはエーリッヒ・フロムが名著『エスケープ・フロム・フリーダム』（自由からの逃走）という言葉で言おうとしたことです。個の自由に耐えかねて、集団の中に身を投ずる。ゲーテを生み、シラーを生み、ベートーヴェンを生んだドイツが、なぜ「絵かき崩れの伍長上がり」のヒトラーに命運を委ねることになったのかということについてよくいわれる一つの説明です。

同時にまた、個であることを本当に貫くことによって初めて、さめた目を、難しいことだけれども、持ち続けることができる。かの荷風散人は一九四五年五月の『断腸亭日乗』で、「新聞紙ヒトラー、ムソリニの二兇戦敗れて死したる由を報ず」という文章を残しています。まだ日本が戦火にある段階で「二兇戦敗れて死」すというふうに切って捨てることができた。それは同時に日本も負けるということを、当然、言外に含んでいるわけですね、日・独・伊だから。あの「二凶」が負けたんだから、日本も幸い敗戦も間近だという、さめた目をもつことができたのです。

日本人の欠如「個」と集団主義

個人の欠如というのは長い間、いわば、日本の知識人を悩ませてきたオブセッション（強迫観念）だったのです。

ところが戦後、奇妙な流れが二段階にわたって起こってきた。一つはいわく、西洋に追いつき追い越せはもう十分達成した。学ぶものはもうない。日本に個がないなどという強迫観念からいいかげんに解放されたらどうだ。日本の集団主義は悪くないんだ。だからこそ日本の高度成長は、これだけ成功したではないか。ニューヨークの高層ビルを日本企業がどんどん買い占めたころの話です。「個」なんていうのにこだわるのは、西洋を依然としてありがたがっている自虐的な見方にすぎない、というのです。

そういう大合唱があったと思うと次はバブルの破裂です。にわかに今度は「個が大事だ」ということを偉い人たちが言い出した。終身雇用とか、会社の福祉施設とか、そういうものに頼る了見はやめろ。退職金なんかもあてにするな。老後の年金も、自分で保険をかけて自分でやれ、という話になってきました。

こういう奇妙なねじれに対して、本当の「個」というのはどういうものなのかということを、腰をふらつかせないで見定めるということは、今いちばん大事なことになってきているはずです。

しかも、ついこの間まで会社人間、会社社会と言われるような日本型経営を賛美していた同じ人たち、あるいは同じメディアが「それではだめだ。自己責任が大切だ。個であれ」と言っています。そういう中で肝心なのは、個人の尊重という問題場面で、いちばん大事な心の自由の領域での個人と、それから経済活動あるいは物質的に生きていく活動の領域での個人とを、きちんと仕分けするところから始めることです。さらに言えば、経済活動の場面でも、「自由」という言葉の意味をさかのぼって吟味することです。

今、にわかに「個人責任」を言い出してきた人々は「会社にぶら下がりをやめろ」というような、物質生活の場面での個人責任のことを言っているのです。その会社が個人を圧倒する力で世の中を支配することとの問題性に、敏感であるとは見受けられません。まして、その人その人の物の考え方、難しい言葉で言えば思想・良心の場面での個人責任、個人の尊重という問題については、全く無関心か、場合によっては敵意すら持っていることが少なくありません。

それは福祉をあてにするなという意味での個人責任が強調されるのと並行して、たとえば国旗・国歌法を制定して右へならえさせようとする点に典型的に表われています。

そこのところをきちんと仕分けすることです。自分が何を正しいと考えるか、何を好ましい社会のあり方と考えるかという、まさにその点での一人ひとりのかけがえのない個性の尊重が「個人の尊厳」の本質的な要素だということを前提にし、そういう個人が他の個人を尊重し合って、手をつなぎ合う連帯。その連帯が公共社会をつくるはずなのです。

この積み上げというのは非常に手間暇がかかります。人々の経済的な生活については「おまえら勝手にやれ」と言いつつ、国旗・国歌は何がなんでも尊重しろという結びつきに対して、それとは正反対の組み合わせを、私たちは手間をかけてつくっていく必要があるでしょう。

そういう世の中をつくってゆこうとすることと、改憲問題のなかでも一貫して争われてきた憲法第九条問題とが、どういうふうにかかわるのか。それを次に問題にしたいのです。

Ⅷ　自由の基礎としての憲法第九条

憲法第九条は空洞化している?

憲法第九条について「すっかり空洞化されてきている」という言い方があります。それは改憲派の勢力が確かにこれまでやってきたことであると同時に、改憲反対派の方でも、というよりはむしろ改憲反対の人々も「第九条は空洞化している」と言ってきています。もちろん、そこから出てくる答えは正反対です。改憲反対派は「空洞化しているのはけしからぬから、現実を規範にもっと合わせろ」と言いますし、改憲派の方は「もう空洞化しているのだから、規範を現実の方に合わせろ」という。持って行き方は正反対ですけれども、「空洞化」という認識については共通しています。

私はそういうとらえ方は、事実をきちんととらえていないと見ます。確かに第九条の文言にもかかわらず、日本が持っている軍事力は世界有数のものです。その上、文字どおり世界最大の軍事力を持つアメリカ合衆国とは密接な軍事同盟関係にある。その点を含めて考えればなおのこと、軍事力の量と質という面からみれば、第九条を素直に読んだ人には想像もできないような現実がある。その矛盾を「空洞化」と呼ぶなら、その限りではそうです。

しかし、第九条が戦後日本にとって持った意味は、それだけではありません。日本社会の中で軍事価値というものをどう位置づけるのかという問題が、特に重要だったと思う。戦前の日本では、軍事という価値が、いつもではありませんが、基本的に日本社会の最高の価値を占めていたはずです。いつもではないというのは、大正デモクラシーの雰囲気を受けた軍縮の時期には、職業軍人の士官たちが軍服を着たまま日曜日に散歩するのをためらっていたという話があります。そういうムードもある時期なかったわけではありません。

「ワシントン軍縮条約」「ロンドン軍縮条約」は非常にもめました。海軍の艦隊派と条約派の分裂にまで至るいろいろな波及効果を伴いましたけれども、とにかく海軍の戦艦の軍縮です。「五・五・三」という英・米・日、世界最大の海軍国三カ国の比率です。陸軍ですら四個師団軍縮（いわゆる宇垣軍縮）という、大なたを振るった時期があります。それは限られた国力をどう使うかという合理的な判断から、そうせざるを得なかったからです。戦前ですら軍縮がそういうふうに語られたのに対して、戦後の日本では奇妙に軍縮はまだ一回も行われていない。そういう逆のあらわれの場面もありますけれども、なんといっても、基本的に一九四五年以前の日本社会は軍事価値を最上位に置く社会でした。

第九条の存在は、そういう社会の価値体系を逆転させたということに、大きな意味があったのです。俗っぽく言えば、戦前の子供に「将来、何になりたいか」と言えば「陸軍大将、海軍大将になりたい」と言ったものでした。そのような社会における軍事の優先価値をいったん否定する、ということでした。もっと具体的にいえば、かつての天皇と軍とそのために死ぬことを力づけた国家神道、この三者の結びつきをいったん否定する。統治権の総攬者としての天皇から「象徴天皇」へ、国家神道から「政教分離」への転換と並んで、軍事価値の否定というところに、第九条が持ってきた大きな意味があった。その意味はだれでも実感していたはずなのですけれども、正面からとらえ切ってこなかったのではないでしょうか。

これまで第九条の問題は、専ら国際関係の問題としてとらえられてきたのではないでしょうか。つまるところ、アメリカを盟主とする資本主義側につくのか、旧ソ連・中国の——これら両国も対立しますけれども——社会主義の将来に期待をかけるのか。前者はアメリカとの軍事同盟の一環として、第九条の存在にもかかわらず軍隊をつくって大きくしていく。後者はさすがに旧ソ連や中国との軍事同盟の主張までにはなりませんけれども、アメリカを盟主とする軍事同盟のために日本の軍事力を強化することに反対する、ということです。

国際政治のパワー・ポリティクスの中での態度選択という、もちろんそういう意味もあったわけですから、それを重視することは当然でしょう。しかし、それに尽きるような扱いで、日本の国内の自由のあり方にとって、第九条が持つ意味についての問題意識が鮮明でなかったのではないでしょうか。

「普通の国」の自由

だから冷戦が終わって、アメリカにくっつくことによって逆に戦争に巻き込まれる、という恐怖から相対的に解放されると、第九条のありがたさについての認識がいわゆる護憲派の中でも薄らいできたと私は見ています。

しかし、もともと問題の核心がそれで尽きていたのではないはずです。国際的なパワー・ポリティクスの中での効果は常についてまわるけれども、それと同時に、あるいは場合によってはそれ以上に、国内での自由の保障、軍事価値を最優先に置くことを否定することによる自由の保障という問題の側面を考えるならば、第九条の存在はますます重要になってきているはずでしょう。

よく「普通の国」ということが言われますけれども、普通の国という場合には経済先進国を指して普通の国と言っているので、一九〇ほどある国連加盟国の平均値をとっているわけではないでしょう。その意味での普通の国はそれぞれ武力を持ち、国連安保理の常任理事国に至っては核兵器まで持っています。

それぞれ「普通の国」が国内でどのような条件を整備してきたのか。旧ソ連・中国はこの際、西側立憲主義諸国を問題にしてきたコンテクストからひとまず別にしまして、ほかの諸国――アメリカ、フランス、イギリスという諸国――はどうか。これらの国は強大な軍事力を持ち、それはそれで批判的に点検しなくてはいけない問題を抱えていますけれども、しかし国内で、たとえばフランスでいえばアルジェリア戦争、アメリカでいえばヴェトナム戦争のときに、「この戦争はよくない戦争だ」という反戦の運動が公然と展開することのできる自由を、戦時中にもかかわらず維持してきた。それが「普通の国」なのです。

日本は第九条の理念によって、そういう「普通の国」を抜け出した理想を掲げています。第九条をやめて、あるいは基本的に変えて「普通の国」にしようとする主張は同時に、今言ったような「普通の国」がなし得てきた自由の確保のための前提をつくる努力を、伴っていなくてはならないはずです。

ここでまた、戦前・戦中を含む歴史認識の話になってきます。先ほどの「普通の国」では、戦争中にもかかわらず、ともかくもその戦争を批判する自由を確保し、アメリカであれば最高裁判所もそれにお墨つきを与えることのできた国です。それに対して戦前・戦中の日本は、説明を要しないほど全くそうではありませんでした。

国民を守らなかった日本の軍隊

国民を守るはずの軍隊が国民を守らなかったという悲しい現実がある。守らなかっただけではなくて、積極的に国民を危険な状態に置いたという悲しい現実がある。日本軍隊の最精鋭をえりすぐったと言われていた満州（現中国東北部）駐屯の関東軍が、いち早く逃げ出して民間の日本人居留民を放棄して、惨憺《さんたん》たる目に遭わせた。「中国残留孤児」問題という悲劇は、まさに五〇年以上たった今もまだ残っている問題です。

沖縄に日本軍の精鋭が存在していたそのことが、沖縄県民の総人口の約四分の一から三分の一が死ぬという地上戦の被害をもたらしました。それも単なる巻き添えだけではなくて、局面によっては日本軍によって自決を強要されたという、こういう暗澹たる歴史を正面から見据えた上で、今度は正式な軍備を持ち、場合によっては国境外に正式な軍隊として派遣しても絶対にそういうことにはならないという、そういう説得とともに第九条の改憲が提示されることが、「普通の国」になるということでしょう。

ところが今までは、残念ながらすべてその反対でした。おおよそ第九条の改憲を主張する人々は、過去の日本の歴史の暗部に目をやることを頑強に拒否する人たちでした。改憲論は、過去については今述べた問題をきちんと整理し、そして将来、本気で人権・人道のための他国への介入をやるのかどうか、貿易上の商売の相手を怒らせてもやるべきことなのだという腹を決めるのかどうか、こういう論理を整えた主張として登場してきてほしい。そうであってはじめて、そういう改憲論の是非をめぐって真剣な国民的議論が可能になるはずです。

「第九条」の改憲と徴兵制度

その際、大事な論点として徴兵制の問題があります。第九条の改憲を説く人たちはしばしば「徴兵制にしないから安心しろ」ということを言います。徴兵制に結びつけると、選挙区に帰って後援会で「先生、まさかおらの孫っ子ば軍隊さとるんでねえっすぺね」(仙台弁)と当然、そう言われるからでしょうが、それは不見識です。正式の軍を憲法で承認することが必要だという判断をする以上は、それは全国民が、場合によっては女性を含めて——女性は仮に前線で鉄砲を撃つのではないにしても——軍の組織に短期間ずつでも関与する徴兵制という段階が必要ではないのか。フランス革命の軍隊は王様の傭兵軍に対して、人民主権の人民の軍隊です。

日本の場合には、悲しいことに戦前は超越的な軍隊の論理が人民を骨絡みとらえてしまったけれど、本来は、人民の論理が軍隊をとらえなくてはいけないわけでしょう。ところが最近は、たいていの国でプロフェッショナルの軍隊でないと用を為さなくなってきている。「共和国の徴兵制」にこだわってきたさすがのフランスも、徴兵制をやめました。徴兵制をやめるときに反対したのは左翼です。要するに、プロの軍隊というのは人民主権にとって危険である。やっぱり人民自身の徴兵による軍隊でなくてはいけないという、これが古典的な考え方でした。実際には、徴兵制で数年だけの訓練を受けた兵士が、高度の電子兵器など操作するのはむずかしくなってきました。空軍は初めから別格だったとして、地上軍だってそういう現実はあるにしても、あえて第九条を変えて軍隊を正式化しようとする以上は、少なくともいったん徴兵制にして、今度こそ軍隊の論理が人民をとらえるのではなくて、人民の論理が軍隊を変えていくという主張がなければおかしいではないか。もとより、今日ではその徴兵制は良心的兵役拒否という制度を伴わなければいけませんが。

それに対して、第九条は「普通の国」を抜け出た理念を提示しています。しかし、日本はこの五五年間、世界の軍事的攪乱要因の主役をしないできたという消極的な限りでしか、その理念は生かされていない。「普通の国」を抜け出た理念を掲げた日本社会が、本当にそれを掲げるのに値することを少しずつでもやっていく、その点についてはあまりにも不十分だったということを、護憲の側の自己点検として認識すべきです。

「タブー」論議

近年、憲法改正をめぐる問題がタブーから解放されて結構なことだ、という議論があります。私はまず、少しもタブーではなかったということを、今まで憲法の問題について関心をお持ちでなかった方のために言っておきたいのです。

なによりも講和条約が結ばれて、日本の法的な独立が回復してすぐの段階で、つまり一九五〇年代の前半から半ばにかけて改憲論が正面から提起されました。とりわけ吉田長期政権の後を受けた鳩山一郎政権が、正面から改憲を提起しました。

ところが、まさにその流れの中で争われた一九五五年の衆議院選挙と五六年の参議院選挙で、実は憲法改正に反対する勢力が、衆参両院の総議員数の三分の一をはじめて確保したのです。「三分の一」がなぜ意味があるのかということは、日本国憲法の第九六条で、憲法改正を最終的に決める国民投票に持ち込むためには、両院のそれぞれで議員総数の三分の二以上の多数で発議をしなくてはいけないというルールがあるからです。ジャーナリスティックな表現で言うと、これが「三分の一の壁」と言われていることです。

実は一九五五年、五六年の段階で、はじめて正面から改憲問題が意識された選挙を通して、改憲に反対する当時の野党勢力が、かろうじてですけれども三分の一の壁をつくった。そのために、その後歴代の政権は「少なくとも私の内閣では、憲法改正を日程にのせません」ということをずうっと繰り返してきました。人によっては、より積極的に憲法の理想を「我々が今後長く守るべき」もの、あるいは「現行憲法を遵守し、擁護してゆく」というふうに——たとえば三木武夫政権、鈴木善幸政権の場合にはそうでした——言ってきました。「私は、年来の改憲論者だ」ということを言いながらも、中曾根政権の場合には「この政権では改憲を政治日程にのせることはしない」ということをやはり言ってきました。それは、今言ったような文脈があるからなのです。

ということはタブーでもなんでもなくて、選挙をやったら三分の一の壁がはっきりと出てきたからです。そうして、改憲を主張することは少なくとも票にならない、場合によっては票を減らすかもしれないという危惧から、改憲論が表から引いていったのです。

これはタブーの話でもなんでもなくて、議会制民主主義の当然のルールだということになります。もちろんその場合にも、世論の動向よりは自分の政治信条を大事にする政治家ならば、多少票が減ることを覚悟してでも自分の信念を提起することはあってもいいはずです。しかし、それをだれもしなかったということです。少なくともタブーの話ではなくて、議会制民主主義の普通のルールの結果だったと考えるべきです。これが一つです。

第二に、本当の意味でのタブーということになりますと、政治の領域でのタブーを日本社会ではじめて否定したのがほかならぬ日本国憲法だという、もっと大事なことを私たちは深く受けとめる必要があるでしょう。

大日本帝国憲法は、帝国議会の側から憲法改正を提起することを認めていない憲法です。旧憲法の第七三条の規定は、「将来此ノ憲法ノ条項ヲ改正スルノ必要アルトキハ勅命ヲ以テ議案ヲ帝国議会ノ議ニ付スヘシ」としていました。大日本帝国憲法は欽定憲法で、天皇が神の名において臣民に授けた憲法ですから、臣民の方が「これは嫌だから、こう変えてくれ」ということは認めないということです。もっと細かな法律や勅令のレベルでも、当時の議院法（今の国会法に当たる）や請願令はいずれも、憲法改正は請願の対象にすることができないという趣旨のことを規定しています。

それに対して日本国憲法は、表現の自由に例外を設けない。戦後ドイツの憲法と違って、憲法に対する忠誠（ロイヤリティー）を法的に要求するという立場をあえてとっていません。憲法に対する罵詈雑言《ばりぞうごん》も表現の自由として認める、という基本的なスタンスをとっています。憲法の悪口についてだけではありません。あらゆる問題を含めて、思想・良心の自由、表現の自由を基本に据えてタブーを否定するということが、個人の尊重を掲げる日本国憲法の肝心かなめの核心だったということを、改めて思い出しておく必要があるでしょう。

そのことを前提にした上で第三点に触れておきたいのですが、今「タブー」という言葉は、多くの言葉がそうであるように、議論をする人にとってしばしば都合のいいように使われることがあります。自由な言論を封殺する、怖いもの、恐ろしいもの、手に触れてはならないもの、そういうことを認めてはいけないという意味でなら、日本国憲法がまさにそういう立場に立っています。

しかしもう一つ、「タブーはやめよう」ということで、しばしば一切の過去の教訓、場合によっては過去の重大な過ちや失敗から生じた「こういうことは、もうやってはいけない」というふうな経験の教えを「まあ、いいではないか」と押し流していく、そういう文脈で「タブー排除」ということが言われています。最近のジャーナリズムの言葉で言うと「なんでもあり」という、そのコンテクストで使われています。

もともと合理的な物の考え方が行き渡っていない原始社会で、その理由を説明しないで「ともかくこういうことをやってはいけない」というのが、タブーと呼ばれてきたものです。いちばんわかりやすい例で言えば、近親相姦（インセスト）のタブーでしょう。なぜいけないのかという説明抜きでとにかくそれはいけないとされ、だんだんいけない理由が、「いけない」ということを言う方にも理解できるようになる。言われる方もその合理的な思考を受け入れることができるようになってくると、今までタブーとされていた規範は、それなりに重大な理由があったのだということがわかるでしょう。理由がわかることによって、みんながそのルールを改めて納得して、タブーとしてではなくてルールとして受け入れるようになる。

こういう問題が憲法の議論にも当てはまるはずです。今、日本社会は、すべてを疑った上で、やっぱり値打ちがあるのだという一つの価値をみんなが共通のコンセンサスとするという手順をかけることができるぐらい、その程度には成熟した社会になっていると私は思いたい。たとえば「人権」といういちばん基本的なコンセプトすら、疑ってみる。文化多元主義からする「どうして人権なんていうのを我々に押しつけるのか。我々には我々の文化があっていいではないか」という議論に対して、いったん人権という価値すら疑ってかかった上で改めてそこに戻ってきて、一つの公共社会の、みんなが大事にすべき価値としてそれを共有するように持っていくというのが、私たちの社会のあるべき真っ当な姿だと思うのです。

その際、そのプロセスに横合いから悪のりして「うん、人権というのは、そんなのはどうでもいいんだ。これはやめちゃおう」という議論も当然出てくるでしょう。そういう議論をも頭から押さえつけることなしに、しかし、「人権はやっぱり重みを持つ、我々の社会にとっていちばん大事なものなのだ」というところにたどり着いて戻ってくることこそ大切なのです。あまり人に知られていないところで、人権を疑うという思考の手続きを法律学者は踏んできているのです。

ただ、ポンと現実の政治にそのメッセージが放り出されたときに「あ、そうか。あなたたちも疑っているのだったら、もう日本で人権というのはやめましょう」というふうになっていきかねない要素が、今の日本社会にはないわけではない。そこのところをみんなで考えていきたいのです。そうであってはいけないということを、みんなで考えていきたいのです。

あとがき

この本の校正刷が出てくるまでの期間にも、世界は動いていた。私自身、九月中旬に、ベオグラードの中心街でTV報道にもよく出てくる「革命大通り」の友人（195ページ参照）宅に泊って、かの地の様子を垣間見る機会があった。数日間の滞在で何かがわかるとは思わないが、それでも、印象づけられた事柄は少なくなかった。

NATO軍の空爆を受けたTV・ラジオ局は友人宅から公園を通りぬけて三、四分の所だったが、残骸をさらす棟から小さな道を隔てた所に、亡くなった一六人のための記念碑が建てられていた。「なぜ？」という一語だけの下に、一六の名前と年齢（大部分は若い男女で、年齢と、技師とか化粧係という仕事がカッコ書きされている）が彫り込まれている。彼らの遺族が、ミロシェヴィッチ権力下にあるTV局の構内をあえて拒否して、ここに碑を建てたのだという。九月二四日の大統領選挙につづく展開の主役となる市民たちの力が、そういうところにも潜在していたのである。

ユーゴスラビアについてふれた機会に、前に本文でのべたことにつけ加えをしておく必要がある。ミロシェヴィッチ大統領（当時）は、二〇〇一年に任期が終わるのに先立って憲法改正

空爆で亡くなった16人の記念碑

をし、大統領選挙を直接選挙に切りかえて再選を可能にし、新しい制度のもとでさらに権力を独占しつづけようとした。同時に、セルビアとともに連邦を構成してきたモンテネグロの上院への議席割当てを人口比例にしてしまい、連邦制の実質を大幅に弱めた。七月に制度を変えて九月に選挙を設定し、野党の分裂に乗じて圧勝する手はずだったのである。野党がばらばらで反目しあい、それがミロシェヴィッチ長期政権を結果として支えてきたのだったから、この「憲法改正クーデタ」の目算は当たりそうに見えた。「民主」の名において立憲主義が決定的に押しつぶされようとし、憲法裁判所も無力というよりは政治追認の役しか果たせそうになかった。

そうした中で、ちょうどチューリヒからベオグラードへのスイス航空の機上で開いた「ノイエ・ツルヒャー・ツァイトゥング」紙が、野党系候補の中で、政治的には無名の法学教授コシュトニツァ候補の動向に注目する記事をのせていた。投票日の二週間前である。

マスメディアと利権の構造が体制側ににぎられていても、部数は少ないとはいえキオスクで売られている野党系の日刊紙があり、地域単位でしか電波が届かないがラジオがあり、学生たちのゆるやかだがしなやかに強い「ＯＴＰＯＲ！」（抵抗）の運動があった。戦後生まれ世代の知識人たちのさまざまなＮＧＯの連帯があった。そして、「民主」の名で「改憲クーデタ」をしてまで強行した選挙の結果を改ざんしようとしたとき、それに反撃したデモと大衆集会の波があった。

こうして、七十八日間の空爆でもゆるがなかった権力が、交代するほかはなくなったのである。「民主」の名のもとに権力を固めようとした支配者が、法治国家の回復という声と、最後には、「法治」の無視をゆるせないと立ちあがった「民主」の力によって、その地位を追われたことになる。「セルビア民族主義」を自分の権力を固めるために煽《あお》った前大統領（彼自身はモンテネグロ出身）と対照的に、新大統領は「誠実な民族主義者」といわれており、そこにまた、今後の路線選択をめぐる困難さと危うさがあることは否定できない。その場面ではまた、民族主義ポピュリズムの「民主」を抑える原理が、呼び出される必要が出てくるかもしれない。その点を含めて、ユーゴの事態の推移は、私たち自身をはじめとして、世界に教訓を示唆している。

この本が出来たのは、旧知の編集者で、美術の領域ですぐれた仕事をしてきた木下邦彦さん（星文社）が、集英社新書というフォーラムから、本書の標題にかかわるような事がらについてのメッセージを発信させたい、と考えてのことであった。ことしの六月末と八月はじめの二回にわたって、いわば読者のひとりになりかわった木下さんの問いに答えるかたちで、この本の中身が出来あがった。概説もののように項目を整序することをあえてしないで、行きつ戻りつするかたちで重要な論点をくりかえすようにして、読者との対話を心がけたつもりである。「あとがき」を終えるにあたって、あらためて、木下さん、そして集英社新書編集長の椛島良介さんのお力添えに感謝する。

樋口陽一

二〇〇〇年一〇月

主要関連文献及び著者著作

石橋湛山『国家と宗教及文芸』（東洋経済新報社「石橋湛山全集」第一巻所収、一九七一年）
伊藤正己『裁判官と学者の間』（有斐閣、一九九三年）
色川大吉　江井秀雄　新井勝紘『民衆憲法の創造―埋もれた草の根の人脈』（評論社、一九八三年）
清水伸『帝国憲法制定会議』（岩波書店、一九四〇年）
田中耕太郎『世界法の理論』（岩波書店、一九七三年）
玉蟲左太夫『航米日録』（岩波書店「日本思想大系」66所収、一九七四年）
鶴見俊輔『戦時期日本の精神史』（岩波書店、一九九一年）
トマス・ホッブズ『リヴァイアサン』水田洋訳（岩波文庫、一九八二年〜一九九二年）
永井荷風『濹東綺譚』（岩波文庫、一九四七年）
『摘録断腸亭日乗』（岩波文庫、一九八七年）
夏目漱石『私の個人主義』（講談社学術文庫、一九七八年）
広津和郎『松川事件と裁判―検察官の論理』（岩波書店、一九六四年）
丸山眞男『日本における自由意識の形成と特質』（岩波書店「丸山眞男集」第三巻所収、一九九五年）
井上ひさし　樋口陽一『「日本国憲法」を読み直す』（講談社、一九九四年）
加藤周一　樋口陽一『時代を読む―「民族」「人権」再考』（小学館、一九九七年）
小林善彦　樋口陽一編『人権は「普遍」なのか―世界人権宣言の50年とこれから』（岩波ブックレット、一九九九年）

樋口陽一　大須賀明編『憲法の国会論議』（三省堂、一九九四年）
樋口陽一『比較のなかの日本国憲法』（岩波新書、一九七九年）
『自由と国家―いま「憲法」のもつ意味』（岩波新書、一九八九年）
『憲法と国家―同時代を問う』（岩波新書、一九九九年）
『一語の辞典・人権』（三省堂、一九九六年）
『もういちど憲法を読む』（岩波書店、一九九二年）
『先人たちの「憲法」観―〝個人〟と〝国体〟の間』（岩波ブックレット、二〇〇〇年）

樋口陽一（ひぐち よういち）

一九三四年仙台市生まれ。現在早稲田大学法学部教授。東北大学法学部卒業。東北大学名誉教授、パリ大学名誉博士、東京大学名誉教授。『近代立憲主義と現代国家』（勁草書房）で日本学士院賞受賞。『比較のなかの日本国憲法』『自由と国家―いま「憲法」のもつ意味』（以上岩波新書）、『比較憲法』（青林書院）、『先人たちの「憲法」観―〝個人〟と〝国体〟の間』（岩波ブックレット）など著書多数。

個人《こじん》と国家《こっか》

集英社新書〇〇六七A

二〇〇〇年一一月二二日 第 一 刷発行
二〇一五年 六 月 六 日 第一三刷発行

著者……樋口陽一《ひぐちよういち》
発行者……加藤 潤
発行所……株式会社集英社
東京都千代田区一ツ橋二-五-一〇 郵便番号一〇一-八〇五〇
電話 〇三-三二三〇-六三九一（編集部）
〇三-三二三〇-六〇八〇（読者係）
〇三-三二三〇-六三九三（販売部）書店専用

装幀……原 研哉
印刷所……大日本印刷株式会社 凸版印刷株式会社
製本所……加藤製本株式会社

定価はカバーに表示してあります。

ISBN 978-4-08-720067-6 C0232

Printed in Japan